JN297183

よみがえる浦島伝説

恋人たちのゆくえ

坂田千鶴子

新曜社

乙姫
彼女は「乙姫」という この家の主人
娘で、なかなかの 遊び人。でも
男の人を家に つれてくるのは
はじめてのこと だそう。
そんなわけで もともと 好みの女
だった 乙姫さんを たろうは
ますます 好きになるのでした。

何日かたつと、
だんだん たろうは、
家が恋しくなって
きました。
「最近あなたは
元気がないわ
わたしといるのが
いやになったの?」

まえがき

浦島子伝説　いま・むかし

昔、私たちの国に、美しい恋人伝説がありました。その名は浦島子伝説。しかし浦島が乙姫の恋人だったことを知る人は、今ではほとんどいません。

物語の扉を開いたのは男ではなく、女の恋でした。神の娘は男をひと目見て、蒼い海と空の果てから風と雲に乗って現れ、愛を告白しました。別れに臨んで男に渡した玉手箱の中に入っていたのも娘自身でした。故郷の変貌を知って放心状態の男が、うっかり玉手箱を開けると、雲に包まれた娘のからだは風に乗り、目にも止まらぬ速さで蒼い天空を飛んでいってしまいました。男が悲嘆にくれ、せめて娘への想いを運んでくれと雲に歌うと、娘もトコヨの国から歌を返しました。離ればなれになっても、ふたりの恋に終わりはないのです。

これが『丹後国風土記』の浦島子伝説の物語です。時空を超えた永遠の恋への憧憬を、格調高い漢文で刻んだ傑作です。日本における恋愛文学の最高峰といってよいでしょう。

島子は実在の人物であるといいます。『日本書紀』に、雄略二十二年（四七八）年秋七月に蓬莱山に行ったと書かれ、帰国の年は『水鏡』や『日本後紀』に天長二年（八二五）と記されています。つまり故郷を出発した年と帰郷の年が史書に記録されているのです。

『日本書紀』、『風土記』と『万葉集』。奈良時代の代表的文献がこの事件を伝えていますが、雄略天皇の時代よりすでに二世紀半ほど経っており、その内容はさまざまです。口伝（言い伝え）を文字に記す試みが始まったばかりという時代のことです。島子の事件があちこちで繰り返し話題になり、伝えられてきた状況がこのことからもわかります。『丹後国風土記』の浦島子伝説は丹後国守、伊預部馬養を記述者としています。口伝をもとにしていますが、当代一流の学者であった彼が書き換え作業を行った作品と考えるのが妥当でしょう。

しかし不幸にも、この美しい伝説の命は失われました。私たちの文化が伝えてきた浦島子伝説は、『万葉集』の代表的な歌人、高橋虫麻呂が詠んだ浦島作品の系譜だからです。『丹後国風土記』は女性の伸びやかな愛のかたちを映す最後の伝説となりました。以後、神の娘との永遠の恋を謳いあげる浦島子伝説は、娘と恋の重さをわかちあえなかった男の無残な悲劇にとって代わられました。今日、書店に並べられている浦島絵本で確かめられるように、この事情はいまだに変わっていません。

消された乙姫の恋

このことは、女の純愛を受容し、尊ぶ文化が、私たちの国では継承されることなく途絶え、今日にいたったという事情を物語っています。女の恋の力への強い恐れが、私たちの文化の基底にあるのです。

乙姫の遠い祖である娘、亀姫の恋は、読む者を圧倒します。風と雲を駆り、国も海も、月日も、あらゆる障害を超え、すべての境界を侵犯して、娘は恋を生きました。わが国の太陽神アマテラスは女性であり、『魏志』には倭の女王に関する記述があります。『播磨国風土記』は、丹波国と播磨国の両国の女性首長が国境を定めたという話を伝え、『日本書紀』にも女性首長の記述は多くあります。『丹後国風土記』の神の娘の伸びやかさは、元始の女性の姿を映し出しています。その結婚生活は母系制の招婿婚のかたちです。こうした愛が理想とされたのは、この時代が最後だったのです。

浦島子伝説の背景となった五世紀は、統一国家形成にむけて天皇を中心とした権力が強まっていった、一大転換期でもありました。この頃から八世紀までに、男尊思想につらぬかれた中国の法制度を取り入れた律令国家が成立します。政治組織からの女性の排除、戸主を男性に限る戸籍制度の導入などとともに、支配体制を絶対化するために、神話や伝承の書き換えが政治的意図をもって取り組まれました。それが『古事記』『日本書紀』なのです。地方行政府に出された『風土記』編纂の命もこれと連動しています。

神話の書き換えと再編成の痕跡を象徴的に示すのが、『古事記』『日本書紀』の両書に共通する国産み神話です。女から「あなたってきれいね」と愛を告白してセックスしたら、障害のある子どもが生まれた。愛の告白は男がするものなのに、女のあなたが先に言ったせいだよ、とイザナギがイザナミに説教して、やり直したという話です。

『日本書紀』では国産みの場面ではイザナギを陽神、イザナミを陰神と表記します。陽神の言動は、『古事記』のイザナギに比べてずっと支配者的です。陰神が呼びかけたとたん、「俺は男だ」と切り返します。女性が太陽神であった日本古来の思想に、男こそ陽とする外来の陰陽思想がぶつかり、ねじ伏せていく過程がわかります。

女に告白をさせてこれに文句をつけ、やり直しをさせたという展開は、現実の男女関係では、まだかなり女の恋が主導的であったことを物語っています。『日本書紀』は本文に続いて、「一書に曰く」という書き出しの文が多く追加収録されていて、やり直しのない話も抹殺されずに列挙されているところが、いかにも過渡期らしく思われます。

そもそも神話の書き換えの目的は、国家体制の正統性の主張にありました。国産み神話が語るのは、その正統性を争う、最大の敵がほかでもなく、女という性であったということです。どの国、どの文化にあっても、出産が女のものである限り、男性による女性支配は、ジェンダー神話をもちこむことで初めて可能になっていくのでしょう。そのことが女の愛が軽んじられ、消されるということだったのです。

二つの海の神話の意味

浦島子伝説と並ぶ、わが国の代表的なもう一つの海の神話は、海幸山幸神話です。この二つの海の神話は、奈良時代の代表的な文献にそれぞれに記録され、伝えられてきました。浦島子伝説は『風土記』と『万葉集』、『日本書紀』。海幸山幸神話は、『日本書紀』と『古事記』、という具合です。それぞれの内容には、少しずつ違いがあります。奈良時代にすでにさまざまな型があるほど、よく知られた物語だったのです。

主人公の山幸彦は、海の神の娘との結婚により、初代天皇である神武帝の祖となりますが、妻に去られます。遠い二つの世界の交流と離別という主題が、海の神話には共通して認められます。わが国を代表する二つの海の神話が誕生した時代は、日本国家の成立期と重なっていて、これらの作品の主題が、日本国家の成り立ちと深く関わっていることを暗示しています。

興味深いのは、トコヨの国と人の世との往還可能な関係がひき裂かれ、切り離された時期が、日本国家の成立期に重なっていることです。昔、二つの世界の交流は、はるかに密でした。『丹後国風土記』には、浦島子伝説のほかに、奈具社の天女伝説と、天の橋立の伝承が残っています。これらがどれも二つの世界の往来の失敗を最大のモチーフとしていることは偶然とは思われません。

むろん、このことは逆に、これよりさほど遠くない時代における、二つの世界の頻繁な交流の記憶を物語ってもいます。そこでは二つの世界の住人の帰属も多分にあいまいでした。人は神であり、神は人だったのです。神話の書き換え、再編成という作業は、人の世の力が増し、トコヨの国の力が衰退するという、現実的関係を背景にしていたのです。

『丹後国風土記』の伝説はすべて、天に通う道、帰る道をいま断たれたばかりという深い衝撃と嘆きにつらぬかれています。この地方では、新しい変革の波に消極的であり、その動きもゆるやかだったのでしょう。

浦島子伝説の変遷

あらゆる日本の伝説のなかで、浦島子伝説はどの時代にも、おそらく最多の異本を生み出してきました。浦島子伝説の愛のかたちは、それぞれの時代に理想とされた女と男のありようを照らし出しています。女の恋の大胆な動きを抑制する力は、父権制社会が確立した室町時代に強まります。浦島子伝説の亀のもつ霊性が失われ、仏教思想を背景に、助けられた亀の報恩譚（恩返し）、前世の因縁話が付け加わったのです。

近代になると、明治政府は国定教科書を作るにあたり昔話の『うらしまたろう』を採用しました。これがいま私たちが親しんでいる浦島太郎のお話です。乙姫は浦島に恋をしない。それでは浦島が乙姫の住む竜宮城へ行く理由がないので、亀を子どもにいじめさせ、亀を助けたお礼という話になったのです。人柄も教養もすぐれた理想の男は、世間並みの男になりました。この筋書きは、当時新しい時代の試みとして作家巖谷小波が語りの世界にあった昔話に手を入れて、子ども向き読み物として出版したのを下敷きに、単純化したものでした。

この伝説の変化を追っていくと、女性の地位の転落にともなって、恋の輝きが色あせていくのがわかります。風と雲を駆って、たちまち島子を虜にした娘は、次第に美しさと力を失います。古代、神の娘の化身として五色に輝いた亀も、室町時代には島子に「恩を忘れるな」と説教され、近代にいたっては悪童どもにいじめられるみじめな亀に落ちぶれました。

この本のねらい

本書の目的の第一は、この美しい伝説の命を、今の世に伝えること。恋人伝説である本来の浦島子伝説の復権です。私たちの輝かしい文化的遺産として、この伝説の本来の姿を私たちの手に取り戻したいのです。

そのためにもっとも重要な作業は、『丹後国風土記』の浦島子伝説をあらたに読みなおすことです。神話伝説の研究が盛んになった近年になっても、『風土記』の浦島子伝説の命は絶たれたままです。責任の一半は、先学の解釈に引きずられてきた専門家たちにあります。しかしこれは、たんなる不注意というよりも、古代の恋人たちをとりまく恋愛の風土と、とりわけ近代のそれに大きなズレが生じたため、想像力が著しく限定された結果といってよいでしょう。

本書ではまず『丹後国風土記』を、併せ論じられることの多い奈良時代のほかの文献、すなわち『日本書紀』『万葉集』『古事記』とともに読みなおしていくなかで、浦島子伝説の本来の姿に出会いたいと思います。そののちに、平安、室町、江戸、明治と伝説の変化を追い、女の恋が完全に消されて現在の浦島太郎の物語が形成されていくさまを、現代の浦島絵本までたどります。

またこの数年、私は短期大学で、たくさんの個性的な学生たちと出会い、ともにこの伝説を読みなおしてきました。いつの時代にも浦島子伝説は、絶えることなく、その時代の衣を身にまとってあらたに生み出され、語り継がれてきました。そこで学生たちにも、新しい浦島絵本を作ってもらうことにしました。その成果は、秋の学園祭や大学の紀要に紹介してきましたが、このたび作品を選びなおして本人の承諾を得、印象批評とともにここに掲載することにしました。

新しいお話を作ることによって若者たちが直面したのは、女とは、男とは何かという問いであり、自分自身の異性観と向き合うことでもあったようです。

乙姫さまが玉手箱を開けておばあさんになる話。贅沢な世界を嫌ってさっさと竜宮に背を向けて帰っていく太郎。別れを描いて詩情あふれる作品もあり、愛の奇跡によるほほえましいハッピーエンドもあります。いずれも今の時代の断面をあざやかに照らし出しています。

そこには若者たちの多様な愛のかたちがあり、文明批評があります。いま私たちの乗っている日本という船はどこにいて、どちらを向いて進んでいこうとしているのでしょうか。短大生の浦島子伝説の作品群は、その現在地を測量する一助となるのではないでしょうか。

二十一世紀の幕も開きました。女らしさや男らしさの枠に縛られず、それぞれが自分らしさをゆたかに生きたいものです。そのとき初めて、しなやかで深い愛は芽生えるのですから。

目次

カバーイラスト　番奈穂子
扉イラスト　高山美樹・山下智子

凡例

本文中の古典の引用にさいしては、巻末の引用文献の訓み下し文に依拠した。そのさい旧字体を新字体に改め、ルビを省略した。また筆者の判断で一部文に変更を加え、新かなづかいであらたにルビをふった。

第一章　浦島太郎の起源

1　古代の浦島子伝説を読む

浦島太郎の起源である、浦島子《うらしまこ》伝説を伝える文献は、奈良時代に三つあります。『丹後国風土記《たんごのくにふどき》』の中の与謝郡《よさのこおり》の伝説としての記録（逸文）、『日本書紀』の雄略《ゆうりゃく》天皇二十二年の記述、それに『万葉集』巻九の高橋虫麻呂《むしまろ》の長歌です。このうち『丹後国風土記』に土地伝説として収められた記録が、浦島子伝説として知られるようになり、私たちの祖先に長く愛されてきました。

風土記・古事記・日本書紀

わが国最古の書として知られる『古事記』（和銅五年（七一二））と『日本書紀』（養老四年（七二〇））は、「日本」の成り立ちの由来とその歴史を記した物語です。『日本書紀』は中国の正史の形にならい漢文で、『古事記』は漢文訓読みによる日本語で書かれています（以下、慣例に従って『古事記』『日本書紀』両書をあわせて「記紀」と記すことがあります）。

和銅六年（七一三）、中国正史における『地理誌』に相当する、諸国『風土記』提出の官命が下りました。当時、日本における国の総数は六二国三島。同時進行形で編纂されていた『日本書紀』を経《たていと》とすれば、これは緯《よこいと》となる国家的事業でした。文体が漢文であったのはいうまでもありません。

しかし現在、諸国『風土記』の大半は失われ、ほぼ全部が残っているのは常陸《ひたち》、出雲《いづも》、播磨《はりま》、豊後《ぶんご》、肥前《ひぜん》の五ヵ国。そのなかで完全なものは『出雲国《いづものくに》風土記』だけです。ほかは一部が後世の文献に引用されて残りました。これが「逸文」と呼ばれているものです。『丹後国風土記』の浦島子伝説の場合も、鎌倉末期の、『日本書紀』の注釈書である『釈日本紀』に引用されてその形を留めたのです（以下、『丹後国風土記』を略して『風土記』と記すことがあります）。

『丹後国風土記』の浦島子伝説の記述者は伊預部馬養《いよべのうまかい》（六五八―七〇二年）。馬養は六八九年に「撰善言司」、七〇〇年には大宝律令の撰定者にも加えられ、皇太子の教育係も勤めた、当時の代表的な文化人でした。律令国家の形成に向かう大きな時代のうねりのなかで、法の制定と史書の編纂にあたり、唐の法に精通し、漢籍に堪能でした。馬養は馬飼とも表記されています。馬飼部造という身分集団との関わりによるものか、あるいは、姓は馬、名は養という帰化人だったのでしょうか。

『丹後国風土記』の完成は「日置里《ひおきのさと》」という用字からみて、霊亀元年（七一五）に行われた、行政区画の呼称の変更以前と考えられています。伊預部馬養が丹後の国守の任にあったのは、六九七年から六九九年まででした。『風土記』撰上の頃にはもう亡くなっていますが、作品はすでに広く知られていたのでしょう。

その後の浦島文学に与えた影響を考えると、この浦島子伝説は中世にあっては、だれもが知っていた作品だったようです。『丹後国風土記』にはこのほかに、奈具《なぐ》社の羽衣《はごろも》伝説、天の橋立の由来記の三つの伝説があります。浦島子伝説は天の橋立の由来記とともに、鎌倉時代の『釈日本紀』に引用されて後世に残りました。奈具社の羽衣伝説は『元々集』、『古事記裏書』などにも引かれて伝えられています。

こうした経緯もあって、『風土記』の浦島子伝説が、成立当時のままの姿だとは考えられません。あとでごらんいただきますが、始まりの部分がごたごたして、どこからが原文なのか、はっきりしません。「日下部《くさかべ》氏の先祖で筒川《つつかわ》の島子の話」だと言ったかと思うと、「水江《みずのえ》の浦島子」のことだと言い直しています。馬養の記録にすっかり従うといいながら、「かいつまんで」お話しましょうと言ったりします。

もっとも、これは、奈良時代の文献に共通の混乱であるといってよいのです。散逸したわけではない『古事記』にも、あとからくっつけたらしい、つぎはぎ部分がかなりあり、とりわけ歌などは、本来無関係なものを加えたと指摘されているものが目立ちます。

『古事記』と『日本書紀』の目的は、天孫降臨による神の子の直系として、天皇の歴史を描くことにありました。『日本書紀』は神々の時代である神代紀上下（イザナギ、イザナミの結婚と国産み、ニニギノミコトの降臨と日本国家の建設等）から、神武天皇～持統天皇までの物語を記しています。浦島子伝説の記事は、五世紀の雄略紀のなかに見られるのです。

万葉集

『万葉集』の「水江の浦島の子を詠む一首」は、『風土記』の話をもとに高橋虫麻呂が新しい趣向と解釈を加えた作品です。虫麻呂は八世紀前半に活躍した『万葉集』の代表的な伝説歌人。下級の官吏として赴任した土地の伝承を題材にした作品を残しています。

それでは『風土記』、『日本書紀』、『万葉集』の順に浦島子伝説を読んでいくことにしましょう。まず『釈日本紀』が伝える『丹後国風土記』逸文を、筆者による現代語訳で読んでみましょう。

『丹後国風土記』の浦島子伝説

丹後の国の風土記が伝えているお話です。与謝郡日置という名の里に筒川という名の村がありました。そこに、日下部氏の先祖で、筒川の島子という人がいました。人柄も容姿もこの上なく優雅で、洗練された方でした。みなさんご存じの、水の江の浦の島子のことです。この話は丹後の国司だった、伊預部の馬養が記録したものです。

雄略天皇の御世《みよ》のことです。島子が、たった一人小舟に乗って海に出て、釣りをしていました。三日三晩たっても一匹の魚も釣れなかったところに、五色の亀が掛かりました。島子は妙だなと思いましたが、亀を舟の中に置いたまま、眠ってしまいました。すると亀はたちまち、若い娘の姿に変わりました。その美しさはこの世のものとも思われません。目がさめた島子は驚いてたずねました。

「あなたはどなたですか？　ここは人間の住んでいるところから遠く離れていますし、海にはだれもいなかった。いったいどこからいらしたのですか？」

娘はほほえんで答えました。

「すてきな方がお一人で海の上にいらっしゃるのですもの。どうしてもお話したいと我慢できなくなって、風と雲に乗って来てしまったのよ。」

島子はびっくりしてたずねました。

「風と雲に乗るなんて！　どうやって呼んだの？」

娘は言いました。

「だって私は天上の仙《ひじり》の家の者なんですもの。本当よ。これからは、私のお話相手になって仲良くしてね。」

島子は娘が神だったことを知って恐れました。自分の身にこんなことが起こったなどとは、まだ信じられませんでした。神の娘は島子に訴えます。

「あなたとこのままずっと二人でいられますように。この世に天と地のある限り、お日様とお月様が輝いている限り、私の気持は変わらないわ。あなたは？　私を愛してくださるかどうか、いますぐに教えてちょうだい。」

美しい娘のひたむきな愛の告白に、島子の迷いは消えました。

「言葉なんて何の意味があるの？　ぼくもあなたをだれよりも大切にするよ。」

すると娘は言いました。

「では、あなた。舟の向きを変えてね。いっしょに常世《とこよ》の国に行きましょう。」

島子が娘について行こうとしますと、娘は彼の目をつむらせました。すると、どうでしょう。あっという間に、海の上にある大きな島についたのです。

地面まで、まるで真珠を敷きならべたように、キラキラ光っています。建物はあまり大きいので、日光をすっかり覆い、その向こうに高楼《たかどの》がまばゆく輝いています。

何もかも見たことも聞いたこともないほど立派です。島子と娘が手をつないでゆっくり行きますと、一つの大きな家の門に着きました。娘は「ここですこし待っていてね」と言うと、門を開いて中に入っていきました。

すると七人の子どもが来て、「この人が亀姫さまと結婚する人だって」と口々に言いました。次には八人の子どもがやってきて、また「この人は亀姫さまと結婚する人なのよ」と言い合いました。それで島子には、娘の名前が亀姫であることがわかりました。

娘が来ましたから、子どもたちのことを話しますと、「七人の子たちはスバル、八人の子どもたちはあめふり星よ」と娘は教え、先に立って家の中に案内しました。

娘の両親が揃って出迎え、挨拶して座に着きました。昔は神の世と一つであった人の世が、別れて独立したことをほめたたえ、こうして人と神とが思いがけず出会うことができたのを喜び合いました。

数えきれないほどの御馳走が並び、兄弟姉妹も杯を交わしあい、隣の里から来たかわいい女の子たちは、上気した頬をして元気に遊び回っています。歌の調べはきれいに澄んでいて、神々の舞は優雅、その楽しさは、人の世の宴の何万倍です。みんな夢中になって日の暮れるのも気づかないほどでしたが、人びとはようやく帰って行き、島子と娘の二人だけになりました。ふたりは肩と肩を寄せ、袖と袖を重ね合って夫婦になりました。

さて、島子が故郷を離れて常世にきてから、三年たちました。島子は急に故郷がなつかしくなり、両親に会いたくてたまらなくなってしまいました。そこでいつも悲しくなるのですが、何もかも捨てる覚悟で結ばれた相手です。やはり故郷がなつかしいなどと、愛する娘には言えません。島子の嘆きは次第に深まるばかりでした。娘は島子の様子がおかしいことに気づきました。

「あなた、このごろどうかしたの？　なんだか変なんだもの」

島子は答えました。

「昔の人がこんなことを言ったんだって。つまらない男は故郷をなつかしむし、狐は生まれ育った丘の方を向いて死ぬものだって。くだらない話だと馬鹿にしていたけれど、最近になって、これが本当だってわかってきたの」

娘にはわかりました。

「おうちに帰りたいのね？」

島子は答えました。

「親しかった故郷の人と離れて、あなたとこの国に来たでしょう。故郷がなつかしくてたまらなくなってしまったみたい。愛しているのに、こんなつまらないこと言いたくはないけれど、少しだけ故郷に帰って両親に会ってきてもいいかしら？」

娘は涙を拭いて、

「ずっと一緒にいましょうねって、あんなにかたく約束したのに、もう忘れてしまったの？　故郷がなつかしくなったら、こんなに早く私を棄てていっちゃうなんて」

と悲しみます。娘と別れるのがつらい気持ちは島子だって同じです。一緒に歩き回って、変わらぬ愛を誓い合い、別れを嘆きましたが、とうとう娘と離れ、帰途につくことになりました。娘の親族はみな島子との別れを悲しんで見送ります。そのとき、娘は美しい箱を島子に渡して言いました。

「あちらに行っても私のことを忘れないで、もう一度帰ってきたいと思っていたら、この箱を大事にして、絶対に開けないでね。」

そのまま別れて、島子は舟に乗りました。来たときのように、娘は島子の目をつむらせました。すると、あっというまに島子は故郷の筒川の里に着きました。故郷を見回しましたが、なんとしたことでしょう。人びとも、あたりの物も、すっかり見覚えがないものばかりです。

村人に「水の江の浦の島子の家の者は、今どこにいるのですか」と聞きますと、

「そんな昔の人のことをたずねるなんて、あなたはどこの人ですか。年寄りの話では、昔、水の江の浦の島子という人がいて、たったひとり海に出たまま、二度と帰らなかったとか。もう三百年も昔のことだそうですよ。それにしても、あなたはなぜ、いまごろこんなことを訊ねるのですか」と答えるのです。

島子は放心状態で故郷を歩き回りましたけれど、父にも母にも会えずに、十日も過ぎてしまいました。がっかりした島子は娘に会いたくてたまらなくて、箱を撫で、娘のことしか考えられなくなってしまいました。このとき島子は娘との約束も忘れて、ぱっと箱を開けてしまったのです。

すると、どうでしょう。目にも止まらぬ速さで、湧き出た雲に包まれて、かぐわしい娘のからだが、風

とともに青い空のむこうへ飛び去ってしまいました。自分が娘との約束を破ったせいで、二度と娘に会えなくなったのだと、島子にはわかりました。娘の飛び去った空を見上げて、ぼんやり佇み、涙にくれて、おろおろと歩き回りました。島子は、涙を拭って、こう歌ったということです。

いとしいあなたの　住む常世まで、雲がたなびいている。愛の言葉を伝えてよ。

娘もはるかな国から美しい声を飛ばして、歌いました。

やまとの国から、風が吹きあげ、雲も去り、私も一緒にあなたのそばから　いなくなってしまっても、いつまでも忘れないでね。

島子はまた娘への思いに堪えきれずに歌いました。

あなたに会いたいから　朝、戸を開けてあなたのことを思って　ここにいると、あなたの住む　常世の浜辺に打ち寄せる　波の音は聞こえてくるのに、あなたはいない。

後の世の人が、この二人のために、こう歌いました。

水の江の浦島の子が　持ち帰ったという玉手箱、開けなかったらまた会えたのに。

常世のあたりに　雲は立ちこめているよ。あんなに愛していたのに、うっかり我を忘れた自分が、ほんとうに情けない。

『日本書紀』と『万葉集』の浦島子伝説

つぎに『日本書紀』と『万葉集』の浦島子伝説を現代語に訳してみましょう。

『日本書紀』

七月のこと。丹波国《たんばのくに》の余社郡《よさのこおり》の管川《つつかわ》の人である瑞《みず》の江《え》の浦の島子が、舟に乗って釣りをしていました。なかなか釣れなくて、やっとかかったと思ったら、なんとそれは大きな亀でした。あっという間に亀は美しい女に変身しました。

浦の島子はすっかり夢中になって、彼女を妻にしました。女についていって海のなかの蓬萊山に行き、仙人たちの住みかを訪ねました。くわしい話は別巻にあります。

『万葉集』

「水江の浦の島子を詠む一首」

春の日の霞が立ち込めているときに墨吉《すみのえ》の岸辺に出て釣舟が波に揺られているのを見ていますと、昔の話が思い出されます。

水江の浦の島子が釣りに出て、舟を漕いでいきましたら、鰹や鯛が面白いようにつぎつぎに掛かってきます。つい夢中になって、家に帰ることを忘れていた七日目のこと、いつのまにか、この世と常世《とこよ》との境界線を越えて漕いでいったのです。

するとたまたま、海神《わたつみ》の乙女も向こうから船を漕いできて、二人は互いに気に入りましたので、愛し合いました。そのまま離れられなくなり、乙女の住む常世の国に行って住むことにしました。

海神の住まいのなかの美しい御殿にむつまじく、二人で住んで、そのまま島子も常世の国で年もとらず、死なずに生きていけたはずだったのに。

人の世に生まれた愚かな男は、あるとき娘にこう言ったそうです。「ちょっと家に戻って、両親に君とのこと話して、明日すぐ帰ってくるからね。」

すると娘は玉手箱を島子に渡して言いました。

「またここに戻ってきて、また私と今のように暮らしたいんだったら、この箱をぜったい開けないでね。」

このとき、しっかりと約束しましたのに。島子が故郷の墨吉に帰ってみますと、自分の家も故郷もないのです。

変だなあと思った島子はそのとき、こう考えたのです。家を出てから三年間で、家も垣根もなくなるものだろうか。そうだ、もしこの箱を開けてみたなら、元通りに、家が現れるだろうと。

島子がほんの少し箱を開いてみますと、まあどうでしょう。驚いたことに、真っ白な雲がもくもくと箱の中から湧き出てきて、なんと彼方の常世の国にまで棚引いたのです。

しまったと思った島子は立って走り回ったり、袖を振って叫んだり、転んで足擦りしたりしましたが、あっという間に、魂は消え失せてしまいました。すると……若かった肌は皺くちゃになり、黒かった髪の毛も白くなり、最後には呼吸もできなくなり、ついに死んでしまいました。

その水江の浦の島子が住んでいたという所がここから見えますよ。

反歌

常世の国に住んでいられたものを、自分でだいなしにしてしまって、ばかだなあ島子は。

三つの浦島子伝説

日本書紀と風土記の比較　ごらんのとおり、『日本書紀』は備忘録といった実に簡単な記述です。

『丹後国風土記』原文には、事件が起こったのは雄略天皇の時代（四五七～四七九）とありますが、『日本書紀』には雄略二十二年（四七八）秋七月と書かれており、史書として体裁が整えられた感じです。雄略天皇の在位は、二十三年間。島子の出発は天皇崩御の前年、二十二年です。

『日本書紀』には「丹後国」ではなく「丹波国」とあるので、記事が書かれたのは、丹波の国が丹波と丹後に分割された和銅六年（七一三）以前だったことがわかります。しかし、雄略紀のことというものの、『日本書紀』の記事には、雄略天皇との関係の説明が、まったくなされていません。

浦島子の素性については、『日本書紀』には余社郡《よさのこおり》管川《つつかわ》の人、名は瑞江《みずのえ》の浦の島子であると書かれています。『風土記』では冒頭で、島子が日下部氏の祖先である筒川の島子であると言います。この日下部は開化天皇の皇子、彦坐王《ひこいますのみこ》の子孫とも伝えられています。

『日本書紀』には大亀、蓬莱山、仙衆が登場します。五色の亀、仙《ひじり》、神などの道具立ては『風土記』と同様ですが、『日本書紀』では亀がためらいなく、島子の眼の前ですぐに女に変身します。すると島子の方でも、すっかり夢中になって、二人はすぐさまその場で結ばれています。言葉のやりとりどころか、すべての手続きを省略したかたちです。

二人で蓬萊山に行ってから仙人たちの住みかを訪ねる「仙衆を歴り観る」という叙述に重なる部分は、『風土記』にも『万葉集』にもありません。したがって、『日本書紀』の最後に「くわしい話は別巻に」と書かれている「別巻」は、現存するどの作品ともまったく別系統の内容のものであった、と考えられます。

万葉集と風土記の比較　『万葉集』の浦島子伝説は、無駄のない美しい韻律の長歌です。豊漁が続いて夢中になっているうちに、島子は知らず知らず海界《うなさか》を越え、海神《わたつみ》の乙女とばったり出会います。どの国の神話・伝説にあっても、ユートピアのイメージには、美しい女性と豊富な食べ物、不老不死がつきものです。ここでは、豊漁という状況そのものがすでに、半ば常世の国に足をつっこんだかたちです。「愚かな男」であるこの島子の夢は、すでに半分、かなえられていたのかもしれません。

出会った二人は、どちらかが誘った、ということではありません。お互いが気に入り、誘い合ってゴールインしたと書かれているのです。結婚は、舟の上でしょう。島子を神の宮に連れて帰った娘が、家族に報告して、結婚式をしたという話もありませんから。

一方『風土記』の方は雅びやかで大がかりな古典的舞台装置。ご近所から隣村、親戚一同にいたるまでの社会生活を一大パノラマとして背景におき、この世にたぐいのない美男美女の恋が描かれます。SFも顔負けの、時空を超越したダイナミックな展開のなか、洗練されたセリフが交わされます。心理洞察の深さ、愛し合う男女の機微の繊細な描写は、抜きんでています。

『丹後国風土記』の浦島子伝説が土地の伝承のままではなく、優れた文学者、伊預部馬養の作品であることは疑えません。

それでは、記紀を時々参照しながら『丹後国風土記』の浦島子伝説の世界に入り込んでみましょう。

2 美しい恋人たちの世界—『丹後国風土記』

美しい釣り人

舞台は海。人柄も姿もこの上なく美しく、洗練された主人公がたった一人で小舟に乗って「海中《うみなか》に汎《うか》び出《い》でて釣りするに、三日三夜《みかみよ》を経《ふ》るも、一つの魚《うお》だに得ず……」と『丹後国風土記』は告げます。後世の浦島太郎は貧しい暮らしの庶民ですから、魚が釣れなければたちまち暮らしに困ります。しかし、この島子は魚が釣れようが、釣れまいが、悠然と釣りをしているところにこそ、かえって「風流之士《みやびお》」としての面目があるのです。神話の世界では、魚釣りは神々の楽しみの一つとして描かれています。

記紀の世界でも神々がよく釣りをしています。

『日本書紀』神代下巻第九段《かみのよのしものまき》には、事代主神《ことしろぬしのかみ》が出雲の三穂《みほ》の沖で「釣魚《つり》するを以て楽《わざ》とす」とあり、神武紀では、神武天皇が速吸之門《はやすひなと》で漁人《あま》に「汝《いまし》は誰《た》そ」と尋ねると、彼は「臣《やつかれ》は是《こ》れ国神《くにつかみ》なり。名をば珍彦《うづひこ》と曰《もう》す。曲浦《わだのうら》に釣魚す」云々と答えて道案内に立つのです。『古事記』では、神武天皇が吉野河で魚をとる人に名を聞くと、彼は国つ神の贄持之子《にえもつのこ》でした。

釣り人は男ばかりとは限りません。神功皇后《じんぐう》（熊襲、新羅攻略の伝説で有名な皇后。応神天皇の母）の鮎釣り以来、肥前の国では女の鉤にしか鮎はかからないのだと『日本書紀』神功皇后紀にはありますし、大伴旅人は『万葉集』の「松浦河に遊ぶの序」で、釣りする少女たちを仙女になぞらえています。

このあと本文は「三日三夜を経るも、一つの魚だに得ず」で終るのではなく、「乃《すなわ》ち五色の亀を得たり」と続きます。三日間、魚が釣れなかったというのは、ことがらの半分であって、そのあげくに亀が釣れたのだということがくっついており、こちらの方により大きな意味があります。むろん五色の亀は、美しい娘が実は神であることを示すものです。

さて、ここでは三日という数字が意味をもっています。当時の日本文学に大きな影響を与えたといわれる『遊仙窟《ゆうせんくつ》』（中国唐代の神仙小説）でも、主人公が三日間、斎戒沐浴して舟で渓流を遡り、人里はなれた神仙の住みかに入って、絶世の美女にめぐりあっています。三日三晩というのは、「海界」を越えて美女に出会うのに、必要不可欠な時間であったのです。

『風土記』の冒頭、私たちに告げられるのは、主人公が人柄も姿もたぐいなく優雅な人だということです。これこそ、私たちの主人公の条件でした。

世の中、どう変わろうが、およそ恋愛が成り立つ最大の要素は、美しさへの感動であるといってよいでしょう。古代の日本文学にあっては、まず男が美しいこと、教養があって人柄が優しいことが絶対的な条件でした。容姿も人柄も優美な男に、女が動かされて愛を捧げるという筋立てです。

これほどすぐれた男のためなら、美しい神の娘が、はるか彼方から飛んでくるのもあたりまえという設定です。初々しい娘のために、あたりにだれも人がいないはるかな海上が、周到に用意されたのでした。

娘の恋が物語の扉を開く──豊玉姫と山幸彦

物語の扉を開くのは、娘の恋です。素敵な人がたった一人で海にいたから、飛んできたと娘は言います。風と雲に乗ってきたという娘の言葉に島子は驚きます。風雲に乗って飛んできた神の娘のプロポーズの言葉は、「天と地のある限り、お日様とお月様が輝いている限り」変わらない愛の誓いでした。まさしく、究極の恋のセリフです。これを超えるものは後にも先にも、どこの国にもありません。

『古事記』にある「海幸山幸神話《うみさちやまさち》」では、豊玉毘売《とよたまびめ》が火遠理命《ほおりのみこと》（山幸彦）に一目惚れして結ばれます。また須佐之男《すさのを》（天照大御神《あまてらすおおみかみ》の弟）の娘の須勢理毘売《すせりびめ》が大国主神《おおくにぬしのみこと》と出会う場面も、同様です。

女からのプロポーズの言葉はありませんが、彼女たちが家に帰って父親に言う言葉は、「わが門《かど》に麗《うるわ》しき人あり」（トヨタマビメ）、「いと麗しき神来ませり」（スセリビメ）と、申し合わせたように同じです。結ばれてすぐ父親に報告をすると、父親が男に会い、その素性をすぐに見知って娘に告げるというのも、同型です。

『日本書紀』の「海幸山幸神話」の第二の一書では、トヨタマビメが火火出見尊《ほほでみのみこと》を見て「顔色《かお》甚《はなは》だ美《よ》く、容貌《かたち》且閑《またみや》びたり」と父に告げます。『風土記』の浦島子伝説の表現によく似ています。美しいだけではなく、優雅で気品があるというのです。これが日本の古代に共通する、高い美意識でした。

美しい男の存在が女を動かします。『古事記』では「海幸山幸神話」のトヨタマビメと山幸彦との出会いを、「出で見るすなはち、見感《みめ》でて、目合《まぐわ》ひして」と叙しています。ホヲリノミコト（山幸彦）は塩椎《しおつち》の神に、綿津見《わたつみ》の神の宮の門まで行って、木の上に座っていれば、「海《わた》の神の女《むすめ》、見て相議《あいはか》らむぞ」と言われてきたのです。

この出会いでは、見る主体は女です。女が男を評価し、行動を決定するという形です。ここではごていねいに侍女も評定に加わり「いと麗しき壮夫《おとこ》ぞ。あが王《きみ》に益《ま》していと貴し」とまで言ってのけるのです。美男子コンテスト優勝も間違いなしというわけです。

時代ははるかに下って、明治生まれの天才画家青木繁が『わだつみのいろこの宮』で、山幸彦とトヨタマビメの出会いを描いています。トヨタマビメと侍女は着衣、樹の上の山幸彦は初々しいヌードです。マネの『草上の昼食』と正反対の組み合わせですが、こちらの絵には、マネの絵のように挑発的なものがまったく感じられません（本書八五頁参照）。

夏目漱石『それから』の主人公である明治の「高等遊民」、パラサイト・シングルの代助は、これを展覧会で見て、その沈んだ落ち着いた情調を喜んでいます。

樹の下に伸びやかに立つトヨタマビメの顔立ちは、深い知性を感じさせて凛としています。山幸彦の優しい体の線はミケランジェロの彫刻「バッカス」に似て、両性具有的な柔らかい魅力に溢れています。鬼才青木のジェンダー意識は、古代に通じるものであったのでしょう。

これほどの美しい男や、力のある立派な女が尊ばれた古代の日本。恋愛がみずみずしく豊かであったのに、不思議はありません。

玉手箱に入っていたのは愛する娘

『丹後国風土記』に描かれた、風雲を呼んで現れる娘のイメージには、いかにも新しい時代の処女らしい、大胆さと軽やかさがあります。

語り継がれた浦島子伝説の型を踏襲しつつ、馬養が時代の新しい流行の彩りとして取り入れたのが、「仙界」であり、「風雲」という交通手段であり、亀が異国風の「五色」に変貌することだったのでしょう。乗り物の選択と化粧による変身願望は、いつの時代にも、時代のアイドルと切り離せない関係にあるようです。

風雲は最後のクライマックスで、実際に乙女の乗り物として現れます。

嶋子、前《さき》の日の期《ちぎり》を忘れ、忽《たちまち》に玉匣《たまくしげ》を開きければ、即ち瞻《めにみ》ざる間に芳蘭《かぐわ》しき体《すがた》、風雲《かぜくも》に率《したが》ひて蒼天《あめ》に翩飛《とびか》けりき。

神の娘は風と雲に乗り、蒼い空へと飛び去ってしまいます。

のちほど具体的に見ていきますが、近代の学者たちのほとんどは、この「芳蘭しき体」を娘ではなく、島子の身体と解釈し、彼があっという間に歳をとったことの表現だと読んできました。しかし、久松潜一は「霊香薫じ紫雲棚曳き神女あらわれて蒼空にとび」と、飛び去ったのは女であるとの読みを提示しています（「浦島伝説」『国語と国文学』至文堂、一九二四年、七二頁）。

また、津田左右吉も、「丹後国風土記はたなびく雲のうちにおもかげの現はれた神女との唱和を載せ（中略）神仙卿も人の世と全く離れてしまってはゐない」と書いています（『文学に現はれたる国民思想の研究』第一巻、岩波書店、一九五一年、一七六頁）。

別れにあたって娘から手渡された玉手箱の中には、彼を老人にする魔法の煙ではなく、愛する娘が入っていたのです。島子が箱をあけると娘は風雲に乗って、あっという間に空の彼方に消え、島子は悲嘆に暮れます。

こうして二人は離ればなれに暮らすことになりますが、すべてを越える二人の愛は、かえって確認されたといってよいでしょう。七夕神話の結末にも似た、余韻のある美しい結末です。

「芳しい」のはだれの身体？

島子が玉手箱を開けたときの描写は、「芳蘭しき体、風雲に率ひて蒼天に翩飛けりき」とありました。むろん、彼は比類なく美しい男であったから、蘭のようによい香りのする体の持ち主であってよいでしょう。しかし、この「芳蘭しき」という形容詞と同じ、「芳《かぐわ》しき」という形容詞が本文で使われているのは、その後の二人の相聞歌において、娘の声に対する形容です。

さらに、これに続く文は「嶋子、即ち期要《ちぎり》に乖違《たが》ひて、還《また》、復《ふたた》び会ひ難きことを知り、首《かしら》を廻《めぐ》らして踟蹰《たたず》み、涙に咽《むせ》びて徘徊《たちもとお》りき」となっています。もし、島子自身の身体に大異変が起こっていたのだとしたらどうでしょう。語り手が、主人公の驚きに知らん顔をして、それについてまったく触れずにいるのは、あまりに不自然ではないでしょうか。娘が風雲とともに、常世に消え去ったのを見て、犯したあやまちを悟った悔恨のトーンのなかでしか、このリズムは生きず、文脈が通りません。

また、もしも島子が天に昇っていってしまったのだとしたら、島子が遠い常世の浜辺の波の音に耳を澄ませつつ、この世から女に恋歌を贈るというラストシーンも成り立ちません。

風雲は神の娘の乗り物

何よりも重要なのは、風雲とはそもそも、娘だけに許された交通手段であるということです。それは、天上《あめ》の仙《ひじり》の家に住む神の娘という彼女のアイデンティティを、鮮烈に印象づけるものでもあったのです。

彼女は仙女で、神の娘でもあるという、いわば特権的な二重の身分の持ち主でした。のちほどくわしく見ますが、『日本書紀』では、島子が常世に出発したといわれる雄略天皇の時代、葛城山の神は仙人であり、かれらは仙境に住んでいたとされています。神の娘が仙の家の人だということは、現代人の感覚からすれば奇妙でも、当時の人びとの想像力の世界では、あるべき一つのかたちとして受け入れられていたということです。

どこからきたのかという島子の質問に、「風と雲に乗ってきてしまったのよ」と、娘は答えていました。

神の娘の変身と乗り物

場所	常世	天・海	人の世	海	常世	海	人の世	天	常世
姿	娘		亀／娘		娘／亀		娘		娘
乗り物		風雲		舟		舟		風雲	

「どうやって呼んだの？」びっくりして島子は聞き返していました。これが、この結末部分と照応しているのです。

そもそも二人の出会いの場面でも、娘は亀から人に変身するところを島子に見せてはいません。島子が眠っている間に、五色の亀は美しい娘に変身したのです。

島子は五色の亀を見ていますが、亀を釣り上げたあと眠ってしまいます。目覚めたとき舟の中に亀ではなく、美しい娘を見いだしたときにも、彼は娘と亀との関係に思いいたった形跡はありません。

繰り返しますが、島子が初めて娘を発見したとき、娘が五色の亀だったことを、語り手は読者にだけ伝えています。ところが、島子の質問に答えるのに、これについて娘は島子に口を閉ざし、その代わり、見られてもいないし、聞かれてもいない風と雲の話をしたのです。これが娘の島子へのメッセージであり、語り手の読者に対する戦略でもあります。最後の別離のシーンを読み解く鍵がここにあるからです。

娘は天空と海中の二つの経路を通って現れ、消えました。これを図式化すると上のようになります。

島子は二度とも、舟に乗り、海を通って常世に行きます。娘は海に入りもしますが、常世が住みかなのです。娘は羽衣伝説の天女のたちのように、天から直接そのまま降りて現れてもよさそうに思われるのに、わざわざ亀になって登場します。

常世に着いてから島子は、娘の不在の場で亀姫という娘の名を知ることになります。ここで娘と亀との関係を島子が問いただしてはいないことに注目したいと思います。娘と亀との関係は、触れてはならないタブーであったことが、ここに暗示されています。神の世界に属する娘が、自身の越境の際の変身に絡む秘密（亀となること）についてだけは、何としても島子に明言するわけにいかなかったのです。

常世（トコヨ）と海界（ウナサカ）

では、常世はどこにあるのでしょう。『風土記』では、娘は天上《あめ》の仙《ひじり》の家の人だと名乗り、島子を連れていく国を「蓬山」、「仙都」などと書いてトコヨと読ませています。常世には昴星《すばる》や畢星《あめふり》といった星の子どもたちもいますが、二人の着いた島は「海中」（海底ではありません）にあると書かれます。

この天（アメ）は海（アマ）であると考えるべきでしょう。常世《とこよ》は永遠「トコ」の時間「ヨ」のことで、理想郷を指す古語でした。

一方、『万葉集』の島子は豊漁が続いて七日も家に帰るのを忘れていました。無我夢中の島子に奇跡が訪れます。彼は知らないうちに海の境を越えてしまいます。すると島子は偶然に海若《わたつみ》の神の娘に出会い、お互いに気に入ったので結婚して、常世に行くのです。この海の境は、人の世と常世との境にあるようです。

高橋虫麻呂の歌では、常世は海神《わたつみ》の神の宮のある所、「老いもせず、死にもせず」にいられる所、ナガキヨとも言い換えられています。島子が箱を開けたとき、白雲が常世のあたりに棚引くのが見えたと虫麻呂は歌います。

古代人の想像の世界では、常世のイメージとしてこの情景がいちばん普遍的だったのではないでしょうか。昔の人は海と天とが遠い水平線の向こうで続いていると考え、そこに常世の国を想像していたということです。原始の自然信仰のなかで、アメ（雨）―アマ（海）と降雨の源泉、アマ（天）が結びつきやすかったことを、山上伊豆母は指摘しています（『神話の原像』岩崎美術社、一九六九年、一二八頁）。

本居宣長は、これを具体的に「常世国とは何処《いづく》にまれ、遠く海を渡たりて往《ゆ》く国を云なれば、皇国《みくに》の外は、万国みな常世国なり」（『古事記伝』一二之巻）と言っています。これは人類に共通の想像力であったといってよいでしょう。

山上の言うように、アマテラス（天照大神）が「天照ラス」になる以前の原像が「海《あま》照ラス」（海照大神）であったとするなら、これは山上の説くように「海の火雷神」であるよりも、遠い昔、強大な権力者が海の向こうの先進国から、威風堂々と海を照らして渡来し、わが国に君臨した記憶を伝える言葉だったのではないでしょうか。

人と神の偶然のめぐりあい

『風土記』では、島子が娘の家を訪ね、娘の両親が揃って島子を出迎えたとき、「人間《ひとのよ》と仙都《とこよ》との別《わか》れを称説《と》き、人と神が偶《たまさか》に会へる嘉びを談議《かた》」ったと言います。
吉野裕はこれを「人間と仙都との差別を説明し、人と神とが稀れに出会えたことのよろこびを語った」

（『風土記』東洋文庫、平凡社、一九六九年、三一四頁）と訳しています。しかし、別世界に属する二人の結婚を祝おうというときに、生まれの違いをわざわざ強調するようなことを言うのは、不自然です。

ここで話し合われたのは、実はまったく正反対のことです。現在、すべての注釈書は「別」に「わかち」とふりがなをつけていますが、これは「わかれ」と読まなければなりません。差別や違いのことではなく、昔は一つであったものが別れたことを言っているからです。

ここで選ばれ、使われている「称説」という語には、たたえ、ほめてのべるという意味が含まれています。のちほど見ていきますが『日本書紀』の雄略紀には、人と神との、まるで隣人同士のような付き合いが描かれています。昔は一つの世界であった人の世が神の世から独立したことをほめたたえ、こうして運良くめぐり会えてよかったと、心から喜び合ったというのです。

天地の別れ

さて、娘は常世への出発にあたって、島子に目をつむらせました。目を閉じているあいだにどこを通り、何が起こるのか、島子が知ることは許されないのです。

ところで『丹後国風土記』には浦島子伝説のほかに、奈具社の羽衣伝説、天の橋立の由来記の三つの伝説があります。これらがすべて、かつて通っていた天と地、神の国と人の世の二つの世界を結ぶ道が絶たれてしまったという、共通の主題をもっているのは偶然でしょうか。有名な天の橋立の伝説は、イザナギの天に通う橋が、寝ているあいだに倒れてしまったという伝説です。

奈具《なぐ》社の羽衣伝説は、羽衣伝説としては、かなり特異な構造をもっています。真奈井《まない》の井戸に降って水浴びしていた天女の衣を老夫婦が隠し、子になることを求めます。天女が衣を返すように求め、「すべて天人のこころばえは、まことをもちてもととす」というのに、「疑い多くまことなきは、人の世の常」だと翁は認めます。

十余年ともに暮らしますが、天女はお米からお酒を作ることができ、そのために老夫婦は豊かになると、お前はわが子ではないから出てゆけと天女を追い出しにかかります。天女は嘆き、

天の原　ふりさけ見れば　霞たち　家路まどひて　行方知らずも

天に帰ろうにも、もう帰る道を忘れてしまったと、天を仰いで泣いて歌ったという話です。

ここでは、天女を罠にかけるようにして手に入れ、用済みになったら追い出すのです。天上界への恐れも尊敬も、あったものではありません。美しい羽衣を身にまとって村に降り立った天女が、村人の持たない技術を身につけていたのは、彼女が文化の先進国からの渡来人であったことを暗示していますし、羽衣は、朝鮮や中国唐代の女の衣服を連想させるものです。

これら『丹後国風土記』の三つの伝説は、それほど遠くない過去の、二つの世界の頻繁な交流の記憶を語っています。浦島子伝説にあっても、また奈具社の天女と老夫婦の場合も、天の住人がこの世の人に対して、決して優位にはあるとはいえません。そこでは、二つの世界の住民の帰属もあいまいです。神は人のもとに降って結婚したり、ともに暮らしたりもしたのです。

同時に、ここで確認できるのは、この二つの世界に属する者同士の出会いが、雄略天皇の時代には、すでに奇跡に近かったとされることです。

島子と亀姫も例外ではありません。ここでは人と神とが「偶《たまさか》」に出会ったのです。別れの場面での神女の深い嘆きは、たとえ神の娘であっても、郷里に帰った島子に再び会いに行くことが容易ではなかったからにほかなりません。であればこそ、島子が神の力を振り切り、神の手を借りつつも、自分の意志によって故郷に帰ったことを、軽く見過ごすわけにはいきません。

亀姫とトヨタマビメは皇帝の姫君

亀姫が娘に姿を変えたのは、島子の眠っている間です。娘は島子に変身の現場を見せなかったし、常世でも亀にはなりません。『日本書紀』の大亀はなんのためらいもなく、島子の目前で女に変身しましたが、この記述は一つの変形でしょう。

では娘はいつ玉手箱に入ったのでしょう。『風土記』の語りの戦略は、すべてを語るという手法ではありませんが、その問いを解く鍵は作品のなかにあります。

帰郷に際して、娘は再び島子の目をつむらせます。このあいだに娘は亀に姿を変え、自ら箱に入って、彼とともに国の境を越えたのです。勝手に箱を開けないという約束を島子がうっかり破ったために、娘のせっかくの苦心の計画は水泡に帰しましたが。

常世に住む神と人の世に住む人間との行き来には、いつでも大切な約束事があります。人間の側はたいていの場合、その約束事の重要性について無知ですから、常世の側の神の指示にすっかり従わなくては、ことはうまく運ばないのです。

異界の神の娘がほかでもなく、亀の姿で現れたことはどんな意味をもっているのでしょうか。海の向こうの韓国や中国では、竜が皇帝のシンボルです。皇帝の住んでいた宮殿跡には、竜や亀の姿があります。竜神は水の神で、水底の竜宮に住むとも考えられています。竜王とは皇帝その人です。

空に昇り、海に潜るという竜は、超自然的な力を持った想像上の動物です。鳳《ほうおう》、麟《きりん》、亀とともに四霊の一つで鰐、蛇、鷹、虎、牡牛、鯉などの、霊力をもつ動物を組み合わせた超能力と姿を持っています。『古事記』の海幸山幸神話では、ホヲリノミコトが約束を破り、出産のために竜に変身したトヨタマビメの姿をのぞいたために、妻は離婚を宣言しています。ホヲリノミコトと結婚したトヨタマビメが竜や、日本にはいなくて中国には生息しているワニの姿に戻って出産するというのは、彼女が竜王、すなわち海の向こうの国の皇帝の娘であったことを示していたと考えられます。

亀は竜とともに、四霊の一つで、中国には亀は竜の九番目の子であるとの言い伝えがあることを、一九九九年秋、私は西安で碑林のガイドから聞きました。奈良時代の元号に、霊亀、神亀、宝亀と、亀の字が好んで使われていることからも、亀への当時の信仰が、並々ならぬものだったことがわかります。

この二つの神話は、海の向こうの皇帝の娘と日本の皇子との物語だったのでしょう。

最高の男だった島子

亀姫の、島子への愛のひたむきさとその行動力は、あらゆる神話伝説中の人物のなかで、ずばぬけています。彼女は、どの神話伝説の主人公よりも奔放で、行動的です。常世の国への往還も、すべて亀姫の手の内にありました。不確定要素はただ一つ、ひとりになったときの島子の行動でした。

故郷の変貌を目にしてショックを受けても、島子の娘への愛に変わりはありませんでした。あれほど両親に会いたいと望んだのにもかかわらず、故郷で一人になったときに彼が追い求めたのは、両親ではなくて、ひたすら娘の面影でした。恋愛文学の主人公としては当然のことであっても、このかたちは、後の世の浦島子伝説には出現しません。

三〇〇年もたっていると言われたとき、この島子はどうしたでしょうか。

　即ち棄てし心を衘《いだ》きて郷里《さと》を廻《めぐ》れども、一《ひとり》の親《おや》(注)にも会はずして、既に旬日《とおか》を逕《す》ぎき。乃ち、玉匣《たまくしげ》を撫でて神女《かんおとめ》を感思《した》ひき。ここに、嶋子、前《さき》の日の期《ちぎり》を忘れ、忽《たちま》ちに玉匣を開きければ……

(注) 引用文献では「一の親しきもの」となっているが、ここでは島子の親の片方をさすものと判断した。

と語り手はいいます。すべてを失ってなお、故郷での彼の孤独を支えたのは、ほかならぬ娘への愛であり、娘の形見の玉手箱でした。それが思いがけない不幸を招くことになったのは、皮肉です。娘への愛が深かったからこそ、心神喪失状態のなかで、愛する娘に語りかけるように、形見の玉手箱を弄び、彼は無自覚にその紐をほどいてしまったのでした。さもありなんというなりゆきです。この島子の行動を咎めることがだれにできるでしょう。

故郷に帰ってから彼が玉匣《たまくしげ》（玉手箱）を開くまでのあいだを、十日と『風土記』は伝えています。この時の流れの重さ。この時の長さは、あらためて島子の境遇に思いを馳せれば、どきりとさせられるほど、すごいことではないでしょうか。変だと思った途端にすぐに玉手箱を開けてしまう『万葉集』や、後世の主人公たちとは、まったく別格です。これだけの長いあいだ、彼は娘に渡された玉手箱を手に、ひとり運命の衝撃に耐えたのです。そうです、島子はお爺さんになんか、なりませんでした。もちろん死にもしません。

島子のこの特性は、読者には未知のものではありません。彼は、故郷がなつかしくなったからといって、自分からぬけぬけと帰りたいと言いだしたりしません。大切な人の異変を見逃さず、心を傷める亀姫の繊細な優しさも、さりげなく伝えられています。心配する姫に聞かれれば、はぐらかさず、それでいて、まず故郷への思いが娘への愛の深さと矛盾しないことをきちんと伝える、行き届いた心遣いをしています。いかにも洗練された心の持ち主は、こういう伝え方をするのであろうと、感じられるのです。愛する娘への責任を十分に自覚し、すべての状況をよく把握した心の深い人。知的で思いやりがあり、すぐれた精神力の持ち主でもあったその人間像が、選び抜かれた言葉による語りのなかに、くっきりと浮かび上がってきます。

まさしく島子は、神の娘が常世の果てから何にかえても、会いに来る価値のあった男として描かれています。風と雲を駆り、国も海もあらゆる境界を侵犯して、最高の男への恋に生きた娘に、古代の日本人は深く共感したのです。

3　愚人の世界―『万葉集』

世の中の愚人

これに対して、深く考えもせずに、人の世に帰ってきてしまった男の物語。『万葉集』の虫麻呂の歌には、愚かな人間の本質が、実にみごとに描き出されています。海界《うなさか》をこえて常世《とこよ》の国に行ったこの島子は、どこか特別の人だったということはありません。容姿も人柄も描写されず、ただ「世の中の愚人《おろかびと》」と呼ばれます。彼は徹頭徹尾、普通の人として描かれているのです。

その恋愛も、まったく月並みです。『丹後国風土記』の伝説が下敷きになっていますから、女との結婚、玉手箱と展開します。しかし、愛の言葉もなく、別れも淡々としたものです。気に入ったから、くっつく。いっしょに住む。これが結婚だという、いかにも日常的で現実的なものです。『風土記』の二人のように世の終わり、この世の果てまでも、というはりつめた思いや精神性は、すっかり抜け落ちてしまっています。

『風土記』の高い調べは、恋への讃歌でしたが、『万葉集』は恋がテーマではありません。「老いもせず死にもせずして、永き世に」いられたはずの人間が、神との誓いを破ったので、二度と常世に戻れなくなって死ぬ話、楽園の喪失がテーマです。

娘がそこにいようがいまいが、恋だの結婚だのは、作品の彩りにすぎません。おまけといってよいほどのものです。反歌にも、失われた恋への哀惜はなくて、男の愚かさへの罵倒だけがあります。至福の記憶はすでに遠く、薄れはじめています。目の前に広がっているのが春の海なのは、象徴的です。娘の姿も墨絵のようにぼんやりと、霞のかなたに煙ったままですから。

『風土記』では五色の亀を釣ったのも、神の娘に会えたのも、常世の国に行けたのも、すべては島子に魅力があったからです。それが主人公としての彼に欠かせない第一条件でした。物語のモチーフは、女の恋でした。

『万葉集』では、娘の容姿についての記述もありません。人物の描写や、仙郷の描写のないのは、万葉の歌人たちが歌を叙情的なものと考えていたからだと、津田左右吉は言います。久松潜一も『風土記』が叙事的なのに対して、『万葉集』は叙情的であるから、描写の差異が生じたと見ています。しかし、これは話が逆ではないでしょうか。

万葉の歌は、みごとな韻律の調べをもちながら、まるで芝居を見るようにすべてが絵として眼前に浮かんできます。島子が老人になって死ぬところなどは、まるで歌舞伎の所作を見るように叙事的です。一方の『風土記』はこれとは違って、叙情にあふれているではありませんか。

『風土記』は感動を呼ぶ古典的カップルの悲劇ですし、万葉はあっけらかんとした喜劇そのものです。この描写の差異は、語り手の「できごと」に対する姿勢の違いによるものです。

『万葉集』の二人は、『風土記』のように運命的な出会いではありません。虫麻呂の関心は、もともと恋愛になどないのです。すべての人間の憧れである、常世の国に行けた人が、何を好んでこちら側の世界に帰ってきたのか。いわば島子の帰郷への批評が創作動機となっているのです。

島子や娘の風貌に深入りしないのも、そのクールな姿勢の反映です。個性化を排除した結果、「できごと」に普遍性が与えられました。

『万葉集』の二人は、現代の若者の街角でのナンパ風景に似て、たまたま出会い、互いに気が合って一緒になったと、そっけなく書かれています。父である海神も登場せず、結婚式も省かれます。きわめてお手軽なカップルの成立が、その後のドラマの味わいを大いに薄めることになります。

常世にいくことも故郷に帰ることも、それが自分や相手にとって、いったいどういう意味をもつことなのか、考えたりしません。帰りたくなれば気楽に、ちょっと家に帰るよと言い、思い立ったら即実行。明日には帰るからと、神の娘との約束など上の空です。

家がなくなっていれば、あわてふためき、娘の言葉もすっかり忘れて、箱を開けたら家が現れるだろうと、勝手な判断に走るのです。思慮に欠け、どこにでもいそうな人。みごとに「世の中の愚人」そのものが、浮かび上がってきます。

神への信仰をなくし、目先のことしか考えない人間の愚行を、虫麻呂は無駄のない言葉でみごとに戯画化しています。馬鹿だなあと呆れつつ、人間って実際はそんなもんだなあと、だれもが身に沁みて感じるのではないでしょうか。

「世の中の愚人の」という批評はもちろん、「少人《おとれるもの》は土《くに》を懐《おも》ひ、死ぬる狐は岳《おか》を首《かしら》とす」という、あの『風土記』の島子の忘れがたいセリフを踏まえています。虫麻呂は、これをキーワードに、美しい悲劇を、ほろ苦い喜劇へと、あざやかにひっくり返してみせたのでした。

神の世と人の世とを結ぶ結婚では、せっかく結ばれた関係が、人による裏切りや辱めによって壊れるという図式が、繰り返し認められます。人の世の力は神の国の力と対等であるか、むしろ凌いでいるようにみえることさえあります。

この島子の場合にも、神の側の指示に従ってさえいれば、ハッピーエンドが約束されていたと読むのが、自然です。では、この結末はどう読むべきなのでしょうか。

「そこらくに堅めしことを」というフレーズには、「あれほど神の娘が教えてくれたのに」という気持ちがこめられています。『風土記』の島子の場合は、玉手箱が開いてしまったのは、いわば事故でした。神への裏切り行為ではなかったのです。しかし『万葉集』はちがいます。彼は神の言葉を軽くみていたのです。

自身の判断だけを信じ、神との約束を無視し、踏みにじった島子。こんなふうに世の中の愚かな人は、神を恐れなくなり、神への信仰をなくしている。罰が下るべきだと、神の優位を願う詩人は考え、彼を死なせて、懲らしめたのでしょう。

『風土記』と神仙思想

『風土記』は中央官命によって、作成された公文書でした。浦島子伝説を伝えた八世紀末の史書『続《しょく》日本紀』にはその目的が述べられていますが、その中に「山川原野の名号の所由、又古老相伝の旧聞異事」を言上せよとあります。浦島子伝説も古老の伝えた旧聞異事というわけですが、本文は本来、外国語である漢字表記です。古老の伝承からは、みるからにかけ離れています。

『続日本紀』のこの条《くだり》にまず挙げられているのは、「郡郷の名は好字を著《つ》け」ということです。本来日本語である郡や郷の名を、中国式に漢字表記の名に変えよとあるのです。ここに見られるのは、中国を規範とした国づくりの方向です。

『風土記』に収められた浦島子伝説の記述に見られるのも、これと同じあり方です。古老の旧聞を漢文に書き換える作業のなかで、中国の神仙思想に使われる用語が、伝承に取り込まれることになります。和語のトコヨは「蓬山」と変わり、「仙都」であると書かれます。神の乙女は「天上仙家之人」と衣装替えをしました。本居宣長が『日本書紀』の浦島子伝説について「到蓬莱山《とこよのくに》と書れたるは、彼ノ紀の癖として、よろづに漢《から》をまねられしなれば、ゆめ此ノ文などに迷ひて常世ノ国を、蓬莱のことと思ひ誤りそ」（本居宣長『古事記伝』一二之巻）と指摘したことは、ここにもあてはまります。

そもそも、古老の伝承を漢文で報告せよ、と要請した中央には、古老によって語り継がれた、口承文芸のスタイルを保つことなどまったく念頭になかったのです。これより十年以上前に漢文体で完成していた馬養の浦島作品は、この要請に願ったり叶ったりの作品だったのです。これこそまさに、中国文化の洗礼を受けた新しい知識階層の読書の楽しみのために、古老の伝承を取り入れつつ、新しいスタイルで書き直された作品だったからです。

『風土記』の浦島は神仙小説？

さて島子を形容する「風流無類」、「風流之士」などという表現については、神仙小説の影響であるという指摘が繰り返されてきました。神仙小説とは、奈良時代に日本でも大流行した「神仙思想」にもとづく中国の文学をさします。その代表作が『遊仙窟』です。

この「風流」は「ミヤビ」に、「風流之士」は「ミヤビヲ」と読み下されます。しかし、これは恋の駆け引きの達人である『遊仙窟』の主人公が「風流を事とす」というのとは、まったくニュアンスが違います。『風土記』の新しいスタイルは、基本的に、物語の外側にほどこされたお化粧にすぎないのです。『風土記』の浦島子伝説には、これまでに述べてきたように、日本古来の大らかな男女の関係が息づいています。用語の借用から一足飛びに、テーマも性格もまったく異質なこの作品を、神仙小説の一種と断ずるのは、早計です。

けれども、『風土記』の浦島子伝説の魅力が、この異国の香りから来ていることも否定できません。神の乙女は、風雲に乗り、日本にはない五色の光を放ちます。見たことも聞いたこともないほど立派な御殿に着くと、スバルやアメフリホシが、かわいい子どもの姿で登場して、いっぱしに生意気な口をきいたりするのです。

それでは古代の日本では、神仙の世界がどのようなものとして受けとめられていたのかを、まず見ておくことにしましょう。

雄略天皇、葛城山の一事主神に出会う

『日本書紀』では、雄略天皇が生まれたとき、「神《あや》しき光、殿《おおとの》に満《いわ》めり」と書かれています。ここには神という字が使われています。もともと『古事記』や『日本書紀』の目的は、天孫降臨による神の子の直系として、天皇の歴史を描くことにありました。その呼称は天子を意味し、人間ではないはずですが、記紀を読んでいると、きわめて人間臭い、等身大の人間としての天皇が描かれています。そのため「神しき光」などという形容詞は、本文にあっても、特別なことのように感じられるのです。むろん書き手はその効果を十分に狙って使っているといってよいでしょう。

雄略天皇四年の春、雄略天皇が葛城山に登り、一事主神《ひとことぬしのかみ》と出会ったという記事があります。この話は『古事記』と『日本書紀』の双方にあります。

『日本書紀』の雄略紀では、出会ったところは「丹谷《たにかい》」と書かれています。これは仙境のことで、中国文学では神仙譚にしか使われない用語です。身の丈の高い神は顔も姿も天皇そっくりで、雄略は一目みて神だと知ったとあります。

『古事記』では、雄略天皇は自分たちの一行と寸分違わぬかたちで、葛城山の一言主神《ひとことぬしのかみ》が山を行くのを見て、戦いを挑もうとします。

「倭の国に、私しか王はいないのに、いったいそんなふうにして行くのはだれなのだ」。天皇が従者を通してこう言わせると、相手もまったく同じ態度で、同じ言葉を返してきたので、天皇をはじめ一行は矢をつがえ、相手の一行も同じ態勢を取ったと伝えます。しかし、ここで相手が葛城の一言主の大神だと名乗りを上げると、雄略帝は一行の人びとの衣服を脱がせて献上します。

二人は馬を並べて仲良く一頭の鹿を追いかけ、矢を放つときにはお互いに譲り合って、狩りを楽しみます。『日本書紀』ではここで「言詞《ことことば》恭《いやいや》しく恪《つつし》みて、仙《ひじり》に逢ふ若きこと有《ま》します」という表現が使われています。神と天皇が仙境で遊んだと書かれているのです。

天皇が現人之神《あらひとがみ》と仲良く遊ぶというのも例のないことですが、その場所は仙境で、その楽しさはまるで仙人に会ったようだといいます。つまり、ここで神はそのまま仙人でもあるのです。日が暮れて遊びも終わり、神がわざわざ天皇を送ってきたのを見て百姓が驚き、立派な天皇だと感心したと書かれています。ここには、神や仙人を、現実世界を支配する天皇よりも上、とする見方が認められます。

しかも、天皇自身が日本の神と仙境の仙人を、同一線上に考えています。仙人や仙境が異国のものという感覚は、まったくないのです。これは、浦島子伝説を理解する上で、たいへん重要な鍵となるものです。浦島子の仙境への出発が語られるのは、ほかならぬこの雄略紀なのですから。

神も天皇も仙人だった

応神天皇以来、天皇家の外戚として最大のパートナーであった葛城一族と雄略は、皇位継承をめぐって、深く反目しあうようになります。しかし、そもそも雄略の父允恭《いんぎょう》は仁徳と葛城襲津彦の娘・磐之媛の子であり、この争いはすでに同族間の争いです。

雄略天皇も、葛城氏の韓比売を迎えて、皇位後継者、清寧天皇が生まれています。天皇家と葛城氏は、大和の有力な豪族同士として、勢力が均衡していたこと、両者の間には協力関係と同時に、権力をめぐる緊張関係があったことが、この伝説にもくっきりと映し出されているのです。相手を神格化し、相応に奉ることによって、侮れない相手の牙を抜こうという雄略の目論見が、ここから窺えます。葛城山の一言主神と天皇が瓜二つだというのは、以下に述べるようにそもそも両者が姻戚関係にあったわけですから、不思議はありません。

『古事記』の雄略天皇の条には、吉野への行幸の記事があります。神秘的な美しい景観から、吉野が仙境と見なされ、政治的・宗教的に大きな役割を担ってきたことはよく知られています。

ここで、雄略天皇は吉野川のほとりで会った美しい乙女と結ばれます。彼女は吉野川の巫女です。この聖婚によって、雄略は神仙になって乙女の永遠を祝福するという、五節の舞の縁起譚が語られます。ここで天皇は乙女に舞わせて歌います。

呉床座《あぐらい》の　神の御手もち　弾く琴に　舞する女《おみな》　常世にもがも

雄略天皇が、自身を仙境に住む神仙として詠んでいるのです。柿本人麻呂の「大君は神にし座せば天雲の雷の上に廬らせるかも」(『万葉集』巻三、二三五)に見られるように、奈良時代、天皇を仙界の人として歌う文学的伝統が存在し、『万葉集』に吉野の歌が多いことは、よく知られている通りです。

この世の苦しみからの解脱を一般大衆に説く仏教や、日常生活における行動規範を示す儒教に対して、神仙思想はいわば、天皇を中心とする豪族勢力の共同幻想という側面を持っています。現世の欲望を肯定し、永生を願う神仙思想は、この世の頂点を極め、すでに栄華を手に入れている特権階級にとって、とりわけ魅力的だったことでしょう。

民間神話を利用して自らを神格化した天皇一族が、自然信仰に根ざした神仙思想を愛好し、密接な関係を保ちつづけたのは、いかにも自然ななりゆきでした。

神の子孫である天皇と仙人。当時の知識層や豪族階級の感性のなかで、この二つはちょうど漢字とカナのように、モードの切り替えが可能な、一つの存在だったということです。渡来人を中核として、唐王朝をモデルとした、律令国家の成立をめざしていた人びとには、自分たちも同じ文化を生きているという思いがあったのです。

4　近代の浦島子伝説批評を読む

ところでいま、この『丹後国風土記』の美しい浦島子伝説はいったいどこへ消えてしまったのでしょう。五世紀に起きた「歴史的事件」として伝えられ、わが国のもっとも古い、国境を越えた恋物語として愛されつづけてきた伝説。なぜ、いつ、どうやって、浦島子と異郷の娘との恋は消されてしまったのでしょう。

その一つに明治期、この伝説から男女の恋を抜き去って、子ども向けの「日本昔話」として書き直された『浦島太郎』が国定国語教科書に採用されて広まったことがあげられます（第三章参照）。しかしもう一つの大きな要因は、近代の神話、伝説の研究者たちが、浦島子伝説の祖である『丹後国風土記』を誤って読み、作品への不当な評価と批評を積み重ねてきたことではないでしょうか。

まず初めに「日本神話」論の中心を担ってきたことでも知られる神話学者、高木敏雄による批評を読んでみることにしましょう。

霞を吸ひ水を飲み、清浄高潔、無為恬淡を旨とする蓬莱仙境の神女が、老荘の教えを奉ずる支那の道士に現はれずして、如何に浦島の美目秀眉に神魂を奪はれしとするも、渇仰する数多の道士を棄て、亀と化して遙々と海を潜り、丹波なる与謝の入江に出現し、猥褻にも秋波を湛へて漁夫の歓心を哀求するが如き、到底了解すべからざる事に属す。此既にその根底に於いて疑ふべし（高木敏雄『日本神話伝説の研究』荻原星文館、一九四三年、二四一―二四二頁。傍点筆者）。

明らかに作品からまったくかけ離れた批評です。作品には「渇仰する数多の道士」など登場していませんし、女は風雲に乗ってやってきており、亀と化して「遙々と海を潜」ったりしていません。娘の様子が「猥褻にも秋波を湛へ」たものだなどと、文章のどの部分を指して言うのでしょうか。

驚くべきことに、高木のこの批評の基本路線は、今日まで脈々と受け継がれてきています。ここでは、神仙の世界は、老荘思想と結びついた禁欲的なものとして、一面的、固定的にとらえられています。

高木は娘が「猥褻にも秋波を湛へて漁夫の歓心を哀求」したと非難しています。浦島子伝説をめぐる批評で特徴的なのは、近代の研究者たちが亀姫の島子への積極的な働きかけに、反発や疑義を表明していることです。何を猥褻と感じるかは、個人の感性の問題でもありますが、そこに時代の価値観、文化も反映されています。原文に秋波を湛えたという表現に類する描写は一切ありません。

結末について高木は「浦島子暫昇雲漢而得長生」と言い、こんなのはどれも「支那神仙譚」から借りてきてくっつけたものだと述べています。これは、島子が白雲に包まれて昇っていき、蓬山に再びもどってそこで長生きをしたという解釈です。

しかし『風土記』に、これに該当する記述もありません。平安以降の浦島文学では、このパターンが現れますが、奈良時代のものにはありません。何より、これは最後の歌のやりとりの場面を無視しています。彼が論じているのは『風土記』の浦島子伝説とはまったく別の作品であるという印象を受けます。作品に書かれていないものを読み、書かれたことを、まるきり無視しているのです。

次に、これと三〇年あまりを隔てた水野祐の読みにも、高木の影響が見られます。亀姫についての批評はさらに過激になります。

眉目秀麗な美壮夫に心をうばわれ、突如としてまどろむ漁夫の船中に姿を現わし、みずから島子を挑発し、猥褻にも秋波を送って島子の歓心をそそり、みずから身を挺して夫婦の交を強要するような振舞いをする。これは霞を吸い、水を飲み、清廉高潔、無為枯淡をモットーとすべき神仙女の行為や、羽衣伝説にみる天女のつつしみぶかさなど微塵もみられない……(『古代社会と浦島伝説』上、雄山閣、一九七五年、五七頁)

これではまるで神の娘が島子に強制猥褻を働いたように読めます。水野が羽衣伝説の仙女の何をもって「つつしみぶかい」と主張するのかは、不明です。ご存じのように羽衣伝説は、裸で水浴びをしていた天女をのぞき見た男(『丹後国風土記』の場合には老夫婦)が羽衣を奪い、娘を無理やりにわがものとするというストーリー展開です。いわば、のぞきと窃盗、性暴力から成り立っているのですが、それは不問に付し、犠牲者としての女性を持ち上げています。男性のオフィーリア・コンプレックス(犠牲としての女への欲望。バシュラールの命名)があからさまに現れた批評です。

また、この文中で水野は「神仙女」について「霞を吸い、水を飲み、清廉高潔、無為枯淡をモットーとすべき」と言っています。

これが高木の「霞を吸ひ水を飲み、清浄高潔、無為恬淡を旨とする蓬莱仙境の神女」の表現をそのまま踏襲していることも明らかです。この仙女のイメージは、中国唐代の代表的な神仙小説『遊仙窟』の魅惑的なヒロインたちからは、遠くかけ離れています。

この本の後の章で読んでいきますが、平安期に入ると二人の性生活は『遊仙窟』も顔負けなほど、微に入り細を穿って描写されますが、すでに見てきたように『風土記』では、結婚式後に「肩を雙《なら》べ、袖を接《まじ》へ、夫婦之理《みとのまぐわい》を成しき」と書かれるだけです。「つつしみぶかさ」という批評は、『風土記』のこの二人にこそ、ふさわしいものです。

女を見るやいなや、舟のなかですぐさま「感《たけ》りて婦《め》にす」(衝動に駆られて結婚してしまった)と書かれた『日本書紀』。「相誂《あいあとら》ひ こと成りしかば かき結び 常世《とこよ》に至り」と書かれる『万葉集』。こちらはお互いに気に入って、そのままセックスしてしまった、という表現ですから、『風土記』の二人は、ずばぬけてお行儀がよいのです。

無視された贈答歌

つぎに結末について水野の示した読みを整理してみましょう。

①やむなく一時の帰郷を許した神女が、「トコヨ」の神女の呪力の象徴である玉匣《たまくしげ》を手渡して、島子に不老不死の霊力を授けたのであるが、その時神女がかけたタブーは、決して玉匣の蓋を開いてはならぬということであった。

②もし開けたならば、その中に封じこめられていた呪力が一瞬にして消失し、島子はたちまち不老不死の霊力を喪失し、人間と化してしまうのである。

③ところが郷里に帰ってみた島子は、その交した禁忌《タブー》を忘れてしまい、玉匣の蓋を開いてしまった。

④同時に島子はただの人間にもどり、再び神女との交流は不可能になってしまった。

⑤島子が誓約を忘れて蓋を開いたために、玉匣の中に密封されていた霊力が大空の中に飛び去って、再び神女と会うことがかなわなくなったことを悟って後悔し、神女の住家の方をふり返って、ただたたずみ、涙にむせんでさまよい歩いた。

⑥その不老不死の霊力の喪失はやがて死を招くことは必定である。

ところでテキストの解釈や読みにあたって、大切なのは、

A　書かれていること

B　書かれていないこと

を正確に区別することです。水野の読みはこの点で問題があります。彼の主張の①はA、②はBです。③はA、④はB、⑤はAで、⑥はBです。問題は②、④、⑥の部分の正当性です。②の問題は、これがBであるのにあたかもAであるかのような書き方をしていることです。④は、②の延長線上にでてくる恣意的な読みです。結びの歌の贈答の部分がなかったことにする高木の読みと、まったく同じ過ちを繰り返しているのです。

このように、水野の批評は高木の読みの踏襲です。水野は、この贈答歌の部分を無視した理由を、最後の二首だけではなく、すべてを後世の追加と考えるからと述べています。その論拠に、本文では島子といっているのに、歌ではすべて浦島子といっている、と言いますが、これは単純な不注意による事実誤認です。故郷に帰った島子は、故郷の人に会ったときに、水の江の浦の島子の家の者は、今どこにいるかと聞いています。村人の答えにも「昔、水の江の浦の島子という人がいて」云々とあります。した

がって、三首の相聞歌を切り離して、本文とのあいだに断絶を認めることはできません。

亀姫の返歌は黒日売の歌か

次に、水野は二首目の島子に答えた神の乙女の歌が、『古事記』下つ巻の仁徳記にみえる黒日売《くろひめ》の歌の改作であると断定します。そして、丹後国の伝承なのに「大和」という地名を改めもせずに載せているのは、実に「ずさん」なやり方であると非難しています。娘の美しい返歌と、仁徳天皇との別離の際にクロヒメが献った歌とは、少し違いがありますが、確かによく似ています。そこで、どちらがオリジナルでどちらがコピーなのか、考えてみたいと思います。

クロヒメは「倭方《やまとへ》に　西風《にし》吹き上げて　雲離《ばな》れ　退《そ》き居りとも、われ忘れめや」と歌い、『風土記』の神の娘は、「大和《やまと》べに　風吹きあげて　雲放《ばな》れ　退き居りともよ　吾《わ》を忘らすな」と歌っています。

水野は、単に第一句の「ヤマト」の字句だけを改作の論拠にしています。この点についてまず考えたいと思います。

『風土記』では、ヤマトに大和と漢字が当てられています。これはのちに述べるように「倭」であったと見るべきでしょう。一方の『古事記』のヤマトは、逆に「倭」ではなく「大和」であると解釈されています。難波なのに大和と表現されているのですから、おかしいのですが、当時の大和中心的思考によるためだろうと解釈されています。国名の大和なのに、倭と表記しているという例は、『古事記』には他にもあります。八千矛神の話にも「出雲より倭の国に上りまさむとして」と書かれているのです。

吉備《きび》の国の女、クロヒメにとっては、別離は大和か丹波かという国内での問題になります。一方『風土記』の「ヤマトベ」が「トコヨベ」に照応していることは、あきらかです。国外にいる亀姫にとっては、これは「倭」でなければなりません。『丹後国風土記』には、後の文献に引用されて残ったという歴史的事情があり、どちらの作品の場合にも、みてきたように漢字表記はあまりあてにならないのですから、これをもって改作の論拠にすることはできません。

第二に、この二つのどちらの方がオリジナルかという点では、まず年代が問題になりますが、これも特定が困難です。単純には、雄略紀に出かけたと書かれる島子は、仁徳天皇よりも後世の人ということになりますが、記録が残されたのは、いずれも島子の物語よりも二世紀以上たった時点でのことです。どちらの歌がどちらに挿入されても、少しも不思議ではありません。

どちらが本歌か

そこで、どちらが本歌であるかという判断は、どちらの方が作品の文脈に沿っているか、その場に合っているかを見ることにだけ、かかってきます。

クロヒメの歌が、どういう状況で詠まれたものなのか、少し長くなりますが、筆者による現代語訳で『古事記』を見てみたいと思います。文中の五首の歌には便宜的に記号をつけます。

『古事記』仁徳天皇記

仁徳帝の皇后石之日売《いわのひめ》は、たいそう嫉妬をなさる方でした。そのため、天皇の側女たちは、御殿のなかに入ることもできません。なにか目につくようなことがあれば、地団駄ふんで嫉妬されるのでした。それでも帝《みかど》は、吉備の国の海人《あま》の首長の娘のクロヒメが、とても美しいとお聞きになり、おそばにお召しになりました。

けれども、あんまりお后《きさき》がひどく嫉妬されるので、クロヒメは故郷に逃げ帰ってしまったのです。帝は高殿の上から、クロヒメの乗った船がいま海に出ていこうとしているのをごらんになって、お歌いになりました。

a沖には小船がいくつも連なって出ていく、私の大切なあなたを故郷に送ろうとしてね

すると、これをお聞きになったお后は、この情景にたいそう立腹なさって、臣下に命じてクロヒメを船から引きずり下ろして、陸路を歩いていけと追い帰しました。

一方、帝は、クロヒメが恋しくてたまらないものだから、お后には淡路島を見に行くからと言い繕ってお出かけになった時に、淡路島にいらして遠くを眺め、こうお歌いになりました。

b難波の国を出てきてここで国見をすれば、淡島、おのごろ島、檳榔樹の生えている島が見え、私から遠く離れたあなたの住むところも見える

すぐに淡路島を出て吉備の国にお出でになりました。そうするとクロヒメは、吉備の国の山畑に帝をお連れしてお食事を差し上げました。このとき、お吸い物に入れるためにクロヒメが山畑の青菜を摘むと、

帝も彼女が青菜摘みをしているところにいらして、こうお歌いになりました。

c山畑に蒔いた青菜だって、大好きなあなたと摘めば、こんなに楽しいなんて

帝がお帰りになるときに、クロヒメはこんな歌を差し上げました。

d大和へと、西風が吹いて雲も離れていく　あなたも離れて往ってしまうけど、私はあなたを忘れはしないわ

またクロヒメはこうも歌ったということです。

e大和のほうにいってしまうのは、だれの夫なの？　人目を避けて私を愛していながら行ってしまうのは、いったいだれの夫なのかしら

五首の挿入歌のうち、aは「下らす」というのがクロヒメにたいする敬語であるところに片鱗がのこっているように、もと吉備の海部直《あまべのあたえ》の側の物語歌であり、bは、本来は天皇国見の国ほめの独立歌謡、dは『丹後国風土記』との関連のほかに、もと、港の遊女が風と雲に託して客との離別の恋情を歌った独立歌謡（未詳）である、との指摘がされています。

『古事記』の語り方はこのように、知られた歌謡を自在に取り入れるという手法です。応神記では、応神天皇が宇治で丸邇《わに》氏の娘、矢河枝比売《やかわえひめ》と結婚する場面でも、「この蟹や、何処《いづく》の蟹」と蟹の歌が歌われ

ます。蟹はたしかにその饗宴に供えられていますが、この詞章は応神天皇のオリジナルではなく、越前の丸邇部の海人が大和の丸邇氏の祝い事のために作ったものを、借用してはめこんだものだといわれています。

そこで問題のdの歌です。風と雲はこの場面で、応神天皇の蟹のように、そこに実在したわけでもありません。まったく無用な字句です。明らかにこれは「やまとべ」という最初の言葉の照応による挿入、借用でしかありません。eの同じく「やまとべに」で始まる歌が最後にくるので、ここに入れたくなって、状況に合わせて、字句を変えてはめこんだものと断定してよいと思われます。

クロヒメの歌の方が、『風土記』の歌の借用であることは、明白でしょう。

5　女の恋はなぜ消されたか

女の恋の力への恐れ

戦前の研究者だけではありません。戦後生まれの三浦佑之も、浦島子伝説に対して「ここでは女がすべてをリードしていて、島子は圧倒されっ放しである」と述べ、こうした展開は、わが国の「古代の神話や説話にはまったく」見られず、「仙境の女が人間を誘惑する」神仙小説的な要素を受け継いだものだと述べています（『浦島太郎の文学史』五柳書院、一九八九年、八一頁）。

しかし『丹後国風土記』の浦島子伝説では「女がすべてをリード」しているのでしょうか。往くのも還るのも行動の鍵を握っていたのは、島子の側ではなかったでしょうか。問題は、女性が「リード」しているると思いこんだ近代の研究者たちが、なぜこれほどまでに驚き、反発するのか、そしてそれが普遍的なのかということです。女の恋の力への根深い恐れが、いまもって私たちの文化にありそうです。

わが国の太陽神（天照大神）は女性、奈良時代の天皇の半数は女帝でした。しかし女の愛がおおっぴらに語られ、理想とされたのは、この時代が最後でした。女性の地位の低下とともに、女のひたむきな恋は逸脱行為となり、日本の文化に馴染まないものになりました。女たちは、家父長制という檻に閉じ込められていくのです。

『風土記』の結末をどう読むか

三浦佑之は天女を引き合いに出して、「異境から来訪した天女であっても、男が策略を弄して天女を妻にしてしまう」のが日本だと述べています（前掲書、八一頁）。では『風土記』の結末を三浦はどう読み取っているのでしょう。

この「芳蘭之体、率于風雲、翩飛蒼天」という表現は、他の浦島子物語を念頭において読めば、島子の老衰を描いていると読むことができる。若々しい肉体が瞬間的に消滅してしまったというのだから、残された島子が老い果てた姿になったのは間違いないことである（前掲書、九三頁）。

ここには率直に「他の浦島子物語を念頭において読めば」とあります。なぜ他の物語を念頭におかなければならないのでしょう。作品を解く鍵は、その作品のなかにこそ、存在しているのではないでしょうか。作品とはそれぞれ固有の生命が宿った、独立した有機的な存在ですから、部品の取り替えが可能な、規格品とは違います。

この解釈では、先の高木や水野と同様に、最後に島子と仙女とが歌の贈答をするということの説明がつきません。そのため三浦は、島子がすぐに死ななくてすんだのは、仙境に住むことは許されなかったものの、下のランクの仙人になれたのではないかと、苦しい解釈をしています。

この他には、浅見徹の次のような批評があります。

どうしても浦島を手放すに耐えがたかった乙姫は、元の亀の姿に戻って櫛笥のうちにひそみ、ひそかに浦島と行を共にしたという次第。蓋を開かれ、正体を悟られた乙姫は、雲に乗じて飛び去った、という話があれば、浦島の物語としての、ひとつの完結した姿を示すものになりうるだろう（『玉手箱と打出の小槌』中公新書、一九八三年、一〇六頁）。

浅見はまた、浦島が玉手箱の蓋を開けたのは竜宮城に滞在中で、破局が訪れ、彼は一陣の風とともに故郷に追い返された、という形が原型ではなかったかと、根拠のない仮説を述べています。

土居光知は、この二人の関係は、女神と少年との結婚であるとし、スコットランドの伝説であるトマスと妖精女王との結婚と類似がある、と考えます。女神と結婚する少年は、不老不死とはいえ、成長を阻止された生活を送っており、浦島の場合にも玉手箱を開くことが必要であったのだと土居は主張します。女神に奉仕する結婚という、男女が対等ではないパターンに、あてはめようと試みているのです（『無意識の世界』研究社、一九六六年、一八八頁）。

『風土記』の二人も、たしかに神と人との結婚ではありますが、人である島子は、娘に比べて劣った者としては、描かれていませんでした。劣れるものという評価を下すのは、島子自身であり、望郷の思いを告白する場面でのことでした。前に述べたように、これはむしろ、島子の成熟した人間性を示す言葉であり、この恋人たちの関係は、バランスが取れた、対等な感じがします。

トマス伝説と違って、『風土記』では神が人に対して支配的な力を発揮したりしません。神の娘には、島子との関係を思いのままにすることはできませんでした。神の国へ連れて行くことも、彼をそこにとどめておくことも。決定は人間の男である島子の側に委ねられていたのです。

しかし、土居はこの結末をトマス伝説のパターンにはめこもうとして、こう言います。

> 故老の言葉を聞いて、島子は父母に再会する希望も無くなり、絶望して、玉匣を開くと、「芳蘭《カグワシキ》の体、風雲に率《シタガ》いて蒼天に翩飛《トビカケ》りき」と誌されている。これは神仙と化した島子の姿であるらしく、（中略）、筆者はその後に（略）前後矛盾した文章を付け加えている。これを強いて理解しようとすれば、島子の身は分裂し、霊体は神仙となって天に登り、肉体は地上に留まって、白髪の老翁となり死んだと考えるべきで

あろう（前掲書、一八七頁）。

矛盾は作品の中にあるものではなく、土居がつくり出したものです。飛び去ったのが島子だと断定する根拠がないのを、「島子の姿であるらしく」とあいまいな判断のまま、混沌のなかに突入し、前後の矛盾を生じた原因を究明しないまま、強引な解釈へと持ち込んでいます。さらにその少し後では、

逸文によると、浦島の子は、神女からもらった玉手箱を開くことにより、神女の愛人たる地位から脱出することができ、神女と対等の夫として、地上生命は終わったが、神女から二度目の迎いをうけ、神仙の列に加えられたとしているようである（前掲書、一九七頁）。

と、作品にまったくない、女の「二度目の誘い」をつけ加えています。

猥褻なのはだれか

土居の批評の路線は、ユング派の河合隼雄に受け継がれていきます。河合は浦島をユングのいう「永遠の少年」の元型にあてはめて考えます。『風土記』の島子は「亀比売の誘いにのって結婚をし、このために、長年月を現実界と離れてすごし、永遠の少年はたちまちにして老人となる悲劇的結末を迎えることになる」（『昔話と日本人の心』岩波書店、一九八二年、一五六頁）。

二人の出会いについての河合の批評を見てみましょう。

全く気の早いプロポーズである。（中略）顔をみるや否や女性の方からプロポーズしたりするのは、二十世紀のヒッピー女性とは限らない。千年以上も前に、この亀姫は浦島に顔を合わせるやいなやプロポーズし、浦島は承諾する（『母性社会日本の病理』中央公論社、一九六七年、一九二頁）。

プロポーズは男からでなければ、というのでしょう。「女性のほうからプロポーズしたり」するのは「ヒッピー」的であると、たいそう揶揄的な調子です。こんなことは認めたくないという気持ちが透けてみえます。

「顔をみるや否や」、「顔を合わせるや否や」と河合は繰り返します。この「……や否や」という表現は、水浴びをしている天女をのぞき見し、衣を盗んで、悲しむ女を無理やりに手に入れた羽衣伝説の男にこそ、ふさわしいのではないでしょうか。河合のこの批評が示しているのは、ほかのことではありません。羽衣伝説が語るように、私たちの社会では実に千年以上ものあいだ、女性は愛を告白したりせず、男の愛を受け入れ、その子どもを育てるのがあたりまえだった、ということです。

このように二十世紀の研究者たちの批評には、まさしくジェンダー・バイアス、性差別意識による偏りがあきらかに見られます。『風土記』の結末についての河合の批評の救いがたいペシミズムは、こうした時代のものとして読んで初めて、理解されるものではないでしょうか。

この後、『丹後国風土記』では、浦島と亀姫が歌を交わすことで終りになるが、この終りは、浦島が老人になる、あるいは『万葉集』にあるように、悲しみ歎きながら浦島が死ぬことの方が、ふさわしい感じがする（前掲書、一九二頁）。

6　歴史の書き換え

『丹後国風土記』の背景

さて、急ぎ足で『丹後国風土記』に関する主だった批評を読んできました。研究者たちの読みに共通して、たいへん特徴的なのは、信じがたいほど徹底した作品軽視の姿勢です。先達の言説に盲目的に依拠する体質も、かなり普遍的なものです。それが女性主導の恋愛に対する、根強い違和感と結びついていたことも、明らかにされたと思います。

しかし実は、もう一つ大きな原因があったことを見逃せません。それは、この作品の発表の場が、『風土記』という舞台だったということです。同じ作品が『風土記』にではなく、『万葉集』や『日本書紀』に載っていたのなら、事情はかなり違っていたのではないでしょうか。

『風土記』は官命に応じて、各国庁で編述したものでした。古老の語り伝えが漢文で書かれたのも、『風土記』が公文書としての役割をもっていたからです。しかし『風土記』は地方では第一義文書であっても、中央では第二義文書として扱われる運命を担っていました。完本は『出雲風土記』を残すだけ、五ヵ国以外は逸文という状況であり、中央での処遇の悪さがじゅうぶんに推察できます。

『風土記』の編述者は地方人とは限らないのですが、地方の豪族側からは、これに対する抵抗もあったことが察せられます。同時に、結果として朝廷側の利害に反し、握りつぶしたい情報も、そこにはふんだんに記録されていたことでしょう。丹後国の場合にも、中央が脅威を感じる大きな政治力を、豪族たちが持っていたことをめぐって、近年めざましい研究成果も、次々に発表されています。

こうした事情が、文献資料として『風土記』を正当に評価しないという権力の姿勢と結びついていったとも考えられます。従来、古典研究の主な対象は、『万葉集』をはじめとする歌書と、『日本書紀』を中心とする神典国史でした。平安以後、江戸にいたるまで『風土記』は、『日本書紀』や『万葉集』の注釈書に、当時の資料として用いられるというかたちで登場します。『風土記』はここでも、二義的な扱いを受けてきたのです。しかしある作品にとって、それがどこに発表されたものであるかということは、意味のないことではありませんが、作品の固有の価値を左右するものではありません。

成立動機からいっても、神話や伝説には、政治的、思想的に利用されたり、制約を受ける面が大きいのです。政治的な利用価値によって、古典の評価が左右されるという点は、つねに警戒しなければなりません。同時に、権力にとっては周縁的な存在であったからこそ、紛れ込み残された先人の貴重な記録が『風土記』にはあることを、無視できません。

時の権力や権威にふりまわされず、古典に新しい光を当てて読み直す自由を手にしていても、思い込みを引きずっているかぎり、見るべきものが見えず、ないはずのものが見えてしまいます。アンデルセン童話の『裸の王様』の罠は、どこにでもひそんでいるのです。

新しい権力による歴史の書き換え

近年、古代丹後地方の研究が進み、浦島子伝説の生まれたあたりに、女帝が支配する古代丹後王国があったとも言われています。『播磨国風土記』は、丹波国と播磨国の両国の女性首長が国の境を決めたという話を伝えています。『日本書紀』にも女性首長の記事はたくさん現れます。

『風土記』や『日本書紀』に、浦島子が常世の国に出発したとされる雄略天皇の時代は、統一国家形成にむけて、天皇を中心とした権力が強まっていく、歴史の一大転換期でした。この頃から八世紀までのあいだに、男尊女卑に貫かれた中国の法制度を取り入れた律令国家が成立します。政治組織からの女性の排除、男子を戸主に限る戸籍制度の導入などとともに、日本統一の由来を語る神話や伝承の集大成がなされました。

ここで大切なのは、神話や伝説を記録する行為は、新しい権力による歴史の書き換えという意図を含んでいたということです。その重要な動機の一つは、女の物語を抹殺することでした。歴史という言葉は英語でも、ｈｉｓｔｏｒｙ＝ｈｉｓ　ｓｔｏｒｙ、男の物語を意味しています。その意図と痕跡を象徴的に示しているのが、国産み神話です。すこし寄り道になりますが、見ていくことにしましょう。

国産み神話――体制の最大の敵は女という性だった

『古事記』は日本の国土を産んだ男神、女神の二神を終始、イザナギ、イザナミの固有名詞で呼びますが、『日本書紀』では、国産みの場面ではイザナギを陽神（オガミ）、イザナミを陰神（メガミ）と表記します（ここでは、二人を区別するため、『古事記』のイザナギを男神、『日本書紀』のイザナギを陽神と呼ぶことにします）。男尊女卑思想の先進国中国伝来の、陰陽思想によるものです。中山千夏が『新・古事記伝』（築地書館、一九九〇年）で指摘しているように、陽神の言動は、男神に比べて、ずっと支配者然としています。

『古事記』では、まず初々しい新妻にむかって、男神が女の身体について質問します。それから国を産もうかと相談が整い、手続きを決めます。天の御柱を回ったところで、イザナミから思わず「ああ、あなたってなんてきれいなの」と声をかけると、「ああ、あなたもとてもきれい」とイザナギも返してから、ふと我に返って「女から言ったの、まずかったんじゃない?」と気にしますが、とりあえずベッドへ直行してしまいます。

ところが、子どもが産まれてみると、先天性の障害がありました。二人はどうしようかと相談し、仲良く天に登って天つ神に相談します。すると、天つ神は（天つ神でさえ、知ったかぶりはしないのです）占いをした上で、女から言ったからよくなかったんだよと教えるのです。

一方の『日本書紀』は、こんな仲良しカップルの雰囲気は皆無です。陰神が「まあうれしいわ、素敵な男のかたにお会いできたこと」（こちらのセリフは、気取っていてマニュアルどおりという嫌らしさがあります）と呼びかけたとたん、陽神は機嫌を損ねます。

「吾は是男子《これますらお》なり。理当《ことわりまさ》に先《ま》づ唱ふべし。如何にぞ婦人《たおやめ》にして、反《かえ》りて言先《ことさきだ》つや。以て改め旋《めぐ》るべし」。言うことを聞け、俺は法だと言わんばかり、天つ神の助言も必要としません。男という権威は、天に代わるものとして女の上に君臨しはじめたというわけです。

『古事記』の男神は、（むろん女の身体についての正しい知識も含めて）相手のことを知ってからプロポーズしました。そのセリフも、「汝《な》が身は如何にか成れる」（あなたの身体はどんなふうになっているの?）となかなかやさしい聞き方でした。これに対して『日本書紀』の陽神の方は、説教して式を済ませてから「汝《いまし》が身に何の成れるところか有る」（おまえのからだには何がくっついているんだ?）と、まるで科学の授業、警察の尋問といった調子です。即物的で温かさがなく、まるで女の身体をモノと思っているふうです。

大らかであったはずのイザナギ・イザナミの愛の生活に、やり直しを命じたりする話が取り入れられたという、国産み神話のさまざまな異伝は、神話が人の世と深く関わりながら形成されていくありさまを見せてくれます。その基本的な方向が、女が選ぶ時代から男が選ぶ時代への移行にあったことは、だれの目にもあきらかです。

人類史における最古の階級闘争は両性間のもの、母権の転覆は、「女性の世界史的敗北」だとエンゲルスは断じました（エンゲルス『家族・私有財産・国家の起源』）。国産み神話が語るのも、体制にとってねじ伏せたい当面の敵が、女という性だったということです。

どの国、どの文化にあっても、出産が女の身体によるものである限り、男による女の支配は、生物としての性にジェンダー（社会的、文化的に規定された性）の神話をもちこむことで初めて可能になります。そしてそれが、女の愛が軽んじられ、消されることでもあったのです。

第二章　海幸山幸神話
——二つの海の神話の意味

もう一つの海の神話

さて、たびたび言及してきましたが、私たちの国には浦島子伝説と並ぶ、だれでも知っている海の神話がもう一つあります。海幸山幸《うみさちやまさち》神話です。

海幸山幸神話は『古事記』『日本書紀』両方に、収められています。『古事記』は、上つ巻、中つ巻、下つ巻と呼ばれる三巻から成っています。上つ巻は天地開闢《かいびゃく》から天孫降臨を経て、中つ巻以後の天皇の世紀を開くウガヤフキアヘズの誕生を語るものです。これは三十巻から成る『日本書紀』の巻一、巻二の「神代」と内容がほぼ重なっています。天皇の世紀については『古事記』は神武から応神までを中つ巻、仁徳から推古までを下つ巻で述べます。一方、『日本書紀』は、神武に始まり、奈良時代に近い持統までを含んでいます。

『古事記』の海幸山幸神話は、上つ巻の最後にあり、天孫《あめみま》の御子《みこ》と海神《わたつみ》の娘との結婚譚に連なる物語です。『日本書紀』にあっては巻二の十、十一段がこれに対応し、いずれも日本という新しい国の成り立ちの核心を述べた一大フィクションのハイライトの部分です。

ところで『日本書紀』では、段落ごとに、本文の後に異本による伝承を列挙しています。そこで、本書で別伝に言及する場合には、その引用されている順序により、「第〜の一書《あるふみ》」として述べることにします。また人物名は、この章ではカタカナで記すことにします。

さて、ホノニニギノミコトとコノハナサクヤビメの第一の子であるホデリノミコト（『日本書紀』ではホノスセリノミコト）つまり海幸彦《うみさちびこ》は魚を採り、弟のホヲリノミコト（『日本書紀』ではホホデミノミコト）つまり山幸彦《やまさちびこ》は獣を獲っていました。

ある日、兄弟は互いに道具と持ち場を取り換えますが、山幸彦は兄の釣針をなくしてしまいます。元の針を返すように兄に責められて、困って泣いていた山幸彦がワタツミの力を借りて、兄の海幸彦から海の覇権を奪い取る、というのがこの神話のストーリーです。

ここではこの神話のもう一つの重要なストーリー、山幸彦とワタツミの娘である、トヨタマビメとの結婚譚に焦点をあてます。主人公の異郷訪問、そこで神の娘と結ばれるという「神婚説話」を含み、その結婚が離別に終わるのも、浦島子伝説と共通しているからです。

主人公たちが訪問したという場所、またその結婚や別れを、私たちの祖先はどのように理解し、受けとめていたのでしょう。二つの海の神話を、あわせて考えていくことにしましょう。

山幸彦はどんなひとか

天孫である山幸彦は美しく、セクシーなアイドルですが、争いにはまったく弱くて役立たずで、人の助けがなければ何もできません。そもそもわが国の天皇が、つぎつぎに面倒ばかり引き起こす、山幸彦の血筋だなんて、いったいどういうことなのでしょうか。

エロティックな山幸彦は、西洋ならさしずめ、愛の女神ヴィーナスの息子、キューピッドといった役どころです。キューピッドは絵画ではかならずヌードで描かれ、ギリシャ名ではエロスと呼ばれる、美しい青年です。花嫁プシュケのもとに夜な夜な通いながら、彼は新妻に決して姿を見せようとしませんでした。妹に嫉妬した姉たちにそそのかされて、プシュケはその姿を灯火を掲げて見ようとし、怒ったキューピッドは、飛び去ります。

これと立場は逆ですが、本国での姿に戻って子を産むのだから、その時は私を見ないでとトヨタマビメに請われた山幸彦も、産屋《うぶや》をのぞいてしまいます。竜（『古事記』では八尋鰐《やひろわに》）の姿に変身した妻を見て山幸彦は逃げ出します。トヨタマビメは辱めを受けたとして恨み、赤ん坊を浜辺に捨て、ワタツミの国に帰ってしまいます。この赤ん坊（ウガヤフキアヘズ）が成長し、母に代わって彼を育ててくれたトヨタマビメの妹であるタマヨリビメと結婚して神武天皇が生まれ、山幸彦と同じヒコホホデミの名が、あらためて付けられることになるのです。

トヨタマビメとタマヨリビメは海の神の娘たちでした。神武天皇は長じてコトシロヌシノカミとタマグシビメの娘、イスズヒメを正妃にします。このコトシロヌシノカミも、鰐になってタマグシビメのもとに通ったと書かれているのです。皇室には異国の血がとても濃いことが、神話の世界ではこのように、繰り返し暗示されています。

浦島子伝説と海幸山幸神話。この二つの神話が、重なるテーマを含んでいるのは確かなことだと考えられます。しかし、そのトーンはかなり違いますし、また、それぞれが提示している世界も異質です。では、海幸山幸神話を読んでいくことにしましょう。

1 『古事記』と『日本書紀』の海幸山幸神話

『古事記』と『日本書紀』の海幸山幸神話で、浦島子伝説と関係があるのは、おもに海の国との交流を描いた部分です。そこで、ここでは弟が兄の道具を海に失って兄に責められるいきさつと、三年後に海神(ワタツミ)の力を借りて兄を降参させる部分を省略して、現代語に訳してみます。

『古事記』の海幸山幸神話

こういうわけで、弟のホヲリノミコトが泣き悲しんで海辺にいますと、シホツチの翁が来て「日の御子が悲しんでおられるのは、なぜですか」と聞きました。ホヲリノミコトは「兄と道具を換えたら、兄の釣り針をなくしてしまったの。その釣り針を返せと言われたので、たくさん針を作って、許して貰おうとしたけれど、やっぱり元の針じゃなきゃだめだというんだもの。だから困って泣くしかなかったの」と答えました。すると翁はホヲリノミコトに、「私がなんとかしてあげましょう」と言い、目が堅くつまった籠の小舟を作ってその舟に乗せ、こう教えました。

「私が舟を押しますから、そのまままっすぐいらっしゃい。すると、よい潮路があります。その潮に乗っていくと、屋根がまるで魚のうろこのように見える宮殿があります。これが海神（ワタツミ）の宮です。その御門に着いたら、その傍にある井戸の上に、カツラの木があります。その木に登ってそこに座っていれば、ワタツミの娘があなたを見て、うまくとりはからってくれますよ。」

そこで、教えられたとおりにいらっしゃると、すべて言われたとおりでしたから、ホヲリノミコトはそのカツラに上って、座っていらっしゃったのです。すると海の神の娘のトヨタマビメの侍女が来て、器を持って水を酌もうとすると、井戸の中が輝いていました。上を見ましたら、美しい男性がいましたので、とても驚きました。

すると、ホヲリノミコトは侍女に水を欲しいと請われました。すぐに侍女が水を酌んで、器に入れて差し上げました。ところがホヲリノミコトは水は召し上がらず、首に掛けていらした玉を外して、口に入れて、器に唾を吐き入れられました。すると、その玉が器にくっついて、侍女が取ろうとしてみても取れません。それで、玉がくっついたままの器をトヨタマビメに差し上げました。するとトヨタマビメはその玉をみて、侍女にお聞きになりました。

「もしかして、どなたか門の外にいらしたの？」

すると侍女は答えました。

「知らない方が、私どもの井戸の上のカツラの上にお座りになっています。私たちの王さまにもまして、たいそうお美しい方です。その方が水を欲しいとおっしゃいましたので、汲んで差し上げましたら、水はお飲みにならずに、この玉を口から吐き入れられました。この玉は離れません。そこで、そのままお持ちしたのです。」

そこで、トヨタマビメはおかしなことだと思って門の外に出て山幸彦を見たとたん、美しい姿にうっとりして、そのまま結ばれたのです。トヨタマビメは父神に

「家の門に美しい方がいるわ」

とおっしゃいました。そこで、海の神は見に行かれると、

「アマツヒコの御子のソラツヒコだった」

と姫に教え、すぐに家の中へとお連れになりました。アシカの皮を重ねて敷き、その上に絹の敷物を幾重にも敷いて、御子を座らせ、結納の品々を供え御馳走をして、トヨタマビメと結婚させました。こうして三年のあいだ、ホヲリノミコトは海の神の国に住んでいらっしゃったのです。

さて、ホヲリノミコトはこの国に来る前の、あの釣り針のことを思い出して、大きなため息をおつきになりました。そこで、トヨタマビメは、そのため息をお聞きになり、

「三年、ここにいらっしゃるあいだ、いつもはため息なんてついたりなさらなかったのに、今夜は大きなため息をおつきになったのよ。どうなさったのかしら」

と父の大神にお話しになりました。父の大神は、ホヲリノミコトにお聞きになりました。

「けさ、娘がこんなことを言いましたが、どうしたのですか。それに、もともと、この国まできたのは、どういうわけだったのですか。」（略）

さて、海の神の娘のトヨタマビメはこのとき、ホヲリノミコトの所にご自分でいらして、

「私、妊娠していましたけれど、もう産まれそうなの。天つ神の御子を、海で産むわけにはいかないからこうしてやって来たわ」

とおっしゃいました。

そこで、この海辺のなぎさに鵜の羽を萱《かや》に見立てて、産屋を作りました。ところが、その産屋の屋根もまだ葺き終わっていないのに、陣痛がきました。そこでトヨタマビメは今からお産みになろうとするときに、ホヲリノミコトにこうおっしゃったのです。

「私たちの国の人は皆、子どもを産むときには、もとの姿に返って産むのよ。私もそうします。お願いですから私を見ないでいてね。」

ところが、ホヲリノミコトはそのお言葉を妙だとお思いになったので、ご出産の真っ最中にこっそりのぞいてごらんになると、姫はなんと大きな八尋ものワニの姿に変わり果て、地べたにうごめいておいでになりました。ホヲリノミコトはびっくりして、怖くなり、お逃げになりました。ところが、ホヲリノミコトがおのぞきになったことがトヨタマビメにわかってしまったので、姫は、きまり悪くお思いになり、御子をそのまま、その場に産んで置きっぱなしにして、

「私は、ずっと、あなたの所まで海の道を通うつもりだったわ。でもあなたに私の姿をこっそりのぞき見されたのだもの、とても恥ずかしくてがまんできないわ」

とおっしゃって、そのまま海の国との境をふさいで、お帰りになってしまいました。

そこで、この生まれた御子の名は、アマツヒコナギサタケウガヤフキアヘズノミコトといいます。

それでものちに、ホヲリノミコトが頼みを無視してのぞいたことを恨みはしても、やはり夫が恋しくてたまらないので、子どもを養ってくれている妹のタマヨリビメに頼んで、歌を届けておもらいになりました。

赤い玉は糸さえ赤く光って美しいといっても、真珠のようだったあなた以上に美しい人なんてどこにもいない。とてもあなたに会いたいわ

ホヲリノミコトが返した歌は、

鴨が寄る遠い島で抱いて寝たかわいいあなたを、ぼくだって生きている限り忘れられないよ

『日本書紀』の海幸山幸神話

（前略）

そこでホホデミノミコトはとても心配し、海辺に行って嘆き悲しんでいるとシホツチの翁に出会いました。するとシホツチが「なぜここで悲しんでいるのですか」と聞くので、ホホデミノミコトは事の次第をお話しになりました。シホツチは、

「心配なさらないで。私が力になってあげますよ」

と言い、目のつんだ籠を作って、ホホデミノミコトを籠の中に入れ、海に沈めました。すると美しい浜べに着きましたので、ホホデミノミコトは籠から出て、歩いて行かれました。

すぐにワタツミの宮殿におつきになりました。御殿は立派な垣に囲まれて、建物はキラキラ輝いています。門の前には井戸がありました。井戸の上には一本のカツラがあって、枝葉が繁っていました。そこで、ホホデミノミコトはその樹の下に行き、行ったり来たりしていたのです。かなりたってから美しい娘が、小さな扉を開けて出てきました。きれいな器をもってきて、井戸から水を汲もうとしたときに、ふと上を見上げて彼を見つけました。びっくりして家の中に入った娘は両親に

「珍しいお客さまがいらしたのよ。門の前の樹の下にいらっしゃるの」

と言われました。そこでワタツミは、お客を迎える用意を整えてホホデミノミコトを迎え、中にお連れしました。お迎えの挨拶をして座に着くとき、どうして来られたのかとお聞きになりました。そこでホホデミノミコトはくわしい事情をお話しになりました。すると、ワタツミはすぐに、魚たちを集めて釣り針のゆくえをお聞きになりました。みな知らないと申しました。ただ鯛がこのごろ口を怪我して休んでいますとお答えしたので、無理に来させて、その口の中を調べてみると、思ったとおり、なくしたという針が出てきました。

さて、ホホデミノミコトは、ワタツミの娘のトヨタマビメと結婚されました。そこでこの宮に三年、いらしたのです。ここでは安らかで楽しかったのですが、それでも故郷をなつかしく思い出されるようになりました。そこで、時々大きなため息をおつきになることが多くなりました。

トヨタマビメはそれを聞いて、父に

「天孫が悲しんで、時々大きなため息をついたりなさるのよ。故郷がなつかしくってお悲しみなのかしら」

とお話しになりました。そこで、ワタツミはホホデミノミコトをお連れになって、ゆったりと静かな物腰で、

「もしも、故郷に帰りたいと思っているのなら、私がお送りしましょう」

と申し上げました。(略)

いよいよ帰られるとき、トヨタマビメは天孫に

「妊娠しているの。子どもはもうすぐ産まれるわ。必ず風も波も速い日を選んで海辺に着きます。私のために産屋を作って待っていらしてね」

とおっしゃいました。(略)

さて、トヨタマビメは約束されたとおり、妹のタマヨリビメを連れて、まっすぐ風波のなかを海辺にやってきました。出産にあたって、「お産の時に私を見ないでちょうだいね」と言われましたのに、天孫は我慢できないでこっそりのぞいてしまいました。そのときトヨタマビメはちょうど出産しようとして、竜の姿になっていました。トヨタマビメは天孫に見られたのを恥じて、こう言われました。

「もしも、こんなふうに私を辱めたりされなかったのなら、海と陸の道を通わせて、永遠にその道を閉ざしてしまったりしなかったのに。あなたは私を辱めたのだもの、どうしてこれからもやっていけるとおっしゃるの。」

姫は生まれた御子を茅で包んで海辺に置いたまま、海の道を閉じてそのまま帰ってしまいになりました。そこでその御子は、ヒコナギサタケウガヤフキアヘズノミコトと申し上げるのです。(略)

エロティックな「離れない玉」

私たちの浦島子伝説の主要なモチーフは、神の娘の恋でした。海の上で釣をしている島子を見た神の娘は、風と雲に乗って飛んできて、海を越えた恋を告白します。『風土記』の島子は魚が少しも釣れませんでしたが、魚が釣れようが釣れまいが、そんなことは島子にとって、問題ではありませんでした。海の上に浦島子がたった一人でいたという設定が、必要十分な条件だったのです。島子にとって釣はあくまでも風流な楽しみで、生活の手段ではありませんでした。魚が釣れなければ生活に困るという後世の話は、神話が民話の世界に降りてきて、主人公が庶民に変わったことによるものです。

一方、山幸彦がワタツミの宮に行ったのは、美しい娘の導きによるものではありません。兄と持ち場を交換した山幸彦が、兄の大切な釣針をなくして困っていたところ、シホツチが現れて、ワタツミの宮に行くよう取り計らってくれたのです。

釣針は兄にとっては大切な生活の道具ですから、代わりのものでは駄目、あくまで元の釣針をというその要求は、意地が悪いどころか、当然です。弟はなんとか許してもらおうと、がんばって代わりの釣針を作るのですが許されず、海辺で人目もかまわず泣き悲しみます(『古事記』)。そうなると今度は、彼に大切な釣針をなくされた兄の方が悪者に見えてくることになるのです。

すぐにシホツチがやって来て何から何まで面倒を見てくれます。その口調は優しく、まるで幼な子をあやすようです。翁に作ってもらった乗り物に乗って、彼は教えられたとおり、ワタツミの宮に行き、ユツカツラの樹に座ってトヨタマビメが来てくれるのを待ちます。

『古事記』では、トヨタマビメは美しいホヲリノミコトに見とれ、その場で結ばれた、と書かれます。ここで山幸彦は、水を欲しいと頼みながら、侍女から器をもらうと玉を含んで唾を吐きます。するとその玉が器にくっついて、外そうとしてもどうしても離れなくなってしまうのです。

この玉は、山幸彦が天孫であることの身分証明ですが、器に玉がくっついて離れないという挿話は、エロスの極致をみごとに象徴化した表現でもあります。それでいて猥褻にならず、真珠貝のイメージを喚起して、ボッティチェリの「ヴィーナスの誕生」のもつ初々しい美を感じさせるのは、彼が「いと麗し」く貴いからです。こちらも王の娘として（『日本書紀』第四の一書では海神ではなく、我王《わがきみ》と表記しています）、玉に縁のある名を持つ美しいトヨタマビメが、侍女から話を聞いて現れ、彼を見るなり夢中になってすぐその場で結ばれたのに、不思議はありません。

『丹後国風土記』の浦島子伝説の恋愛は高い精神性に貫かれていますし、『万葉集』の浦島子の恋愛は、馴染みやすい日常性を感じさせるものでした。これに比べて、こちらは展開も描写も、実にエロティックです。身体性を帯びた、みずみずしい魅力の側面がはっきりと強調された男女の結びつきといってよいでしょう。明治の洋画家青木繁の描いた、憂い顔の山幸彦（『わだつみのいろこの宮』）の裸像には、ヴーエやツッキの描いた灯火の下のキューピットよりも、甘やかなエロスが溢れています。

しかし、この先の展開を主導するのは、ワタツミです。トヨタマビメから話を聞いたワタツミは、自分で彼を迎えに出て、内に連れて入り、すぐさま盛大な結婚式を支度します。

『風土記』の浦島子伝説でも、娘が家に帰って両親に島子が来たことを告げています。すぐに結婚式が挙げられますが、父が一人で彼を迎えに出るという形をとってはいません。娘が再び一人で彼を迎えに出て、両親は中で二人を迎えていました。

『風土記』では、両親ばかりか、兄弟姉妹、隣の里の子どもまでが結婚式に参列しますし、別れの場にも娘の身内が勢ぞろいして、別れを惜しんでいます。しかしスポットライトはつねに若い二人に当てられ、父神だけが前面に出てくることは、一度もありませんでした。この違いは何を意味しているのでしょうか。

青木繁『わだつみのいろこの宮』
1907 年
石橋財団石橋美術館　蔵

2　家長の登場

理想的な家長

『古事記』のその後の展開は、すこし妙です。山幸彦にとってこれは本来、難題解決のための旅だったはずです。彼は翁に海の道に乗ってワタツミの神の宮に着けば、ワタツミの娘が力を貸してくれると、助言されていたのです。しかし、娘に会っても彼はこの問題を放置したままです。そしてある日突然、もう三年も海の国に住んだと書かれるのです。

いくら山幸彦が気楽な性格であっても、これでは辻褄が合いません。しかし、この若い二人の出会いと結婚の方が、国内の内紛問題（兄弟の主導権争い）をはるかに超えた国家的な大事件であったと考えれば、納得がいきます。トコヨの国で行われた『風土記』の島子と神の娘の結婚式も、人の世の宴をはるかに超えて格式高く、華麗な式であると述べられていました。

結婚を取りしきる父神のいかにも権威のある風格は、これが国を挙げての儀式であることを思わせます。山幸彦が天孫であって、一方のトヨタマビメの父も海の神であり、一国の王ですから、帰国など当座は棚上げになってしまって、何の不思議もありません。

一方、『日本書紀』の展開はもう少し自然です。繁茂したカツラの樹の下で、山幸彦（ホホデミノミコト）がぼんやり立っていると、中から出てきて彼を見た娘は驚いて戻って、父母に来客を告げます。ワタツミが賓客として彼を迎え入れ、その場でどうして来たのかと親身に尋ねます。話を聞いたワタツミは、すぐさま魚を集めて、釣針を捜し出してやるのです。

しかしこちらも、問題の釣針が見つかったというのに、ちっとも帰ろうとはしません。トヨタマビメと結婚していて、いまや三年目だと、読者は突然知らされるのです。

神話の世界でこの山幸彦に似た英雄に、オホクニヌシノミコトがいます。同じく兄とのトラブルから、助力者を求めて別の国に出かける、「麗《うるわ》しき壮夫《おとこ》」です。そこで女性が一目惚れするところも同じです。しかしスセリビメとの結婚がその父、スサノヲノミコトから認められるまでは、まさに命懸け、結局は駆け落ち同然の結婚だったことを思えば、山幸彦はまさに特権的なアイドルです。

『古事記』では三年後、急に山幸彦は兄とのトラブルを思い出し、大きなため息をつきます。彼のため息一つで、たちまち周囲は大騒ぎです。

三年たって、夫の様子が変なのに気づいた妻が心配する、というモチーフは浦島子伝説と共通のものですが、こちらの夫婦は、直接に語り合ったりはしません。

トヨタマビメは異郷からやってきた夫よりも、父との結びつきの方が強いのです。彼女は山幸彦にわけを尋ねないで、父親に相談します。するとワタツミが山幸彦に理由を尋ね、ここで初めて、来訪の理由が明らかにされるのです。

ここでは、夫婦のコミュニケーションは、家長である父をなかだちとして、初めて成立しています。この夫婦のあり方は、浦島子伝説の二人の関係や、父に対してさえ、共同戦線を張って戦い夫を守ったスセリビメとは、かなり異質です。こうして、山幸彦はトヨタマビメからではなく、ワタツミから釣針と、水の満干を支配する呪力を持った玉をもらい、兄を降伏させる術を授かって、帰ることになります。

もう一方の『日本書紀』でも、三年後に夫の様子が変だと、トヨタマビメが父親に訴えます。ワタツミは彼に理由を尋ね、帰りたければ私がちゃんと送ってあげるからねと、安心させてやり、兄を攻略する方策を授けるのです。

娘の話を聞いて、山幸彦の世話をしようとするワタツミの様子や、物言いの柔らかさには、面倒見のよい、理想的な家長としての、温かい人柄と風格が滲み出ています。この関係は、夫婦を中心とした浦島子伝説の家族関係とは、異質な感じを与えます。同時に、夫婦、兄弟の関係よりも、ここでは国と国との関係がより重要なテーマであることを暗示しているようです。

行き来可能な二つの国

浦島子伝説では、トコヨと書かれる異郷と、島子の故郷との距離はどのくらい離れていたのでしょうか。古代の日本人にとって、トコヨとはいったいどこにある国だったのでしょう。本居宣長は『古事記伝』のスクナヒコノミコトをめぐる考察のなかで、トコヨというのは、そういう名の国がたった一つだけあるのではないと言います。

トコとはソコに通う古い時代の言い方、ソコは「下のみに非ず、四方上下何方《イヅカタ》にまれ、遠くゆき至て極まる処」をいうのだと言い、したがってトコヨとは、「ただ何方《イヅカタ》にまれ、此皇国《ミクニ》を遙に隔り離れて、たやすく往還《ユキカヒ》がたき処」を一般的にいう名、「皇国《ミクニ》の外は、万ノ国みな常世国《トコヨ》なり」と述べています。

つまり、外国はすべてトコヨだというのです。「すべて上代に常世ノ国と云るは、皆此意の外なし」と言い切っています。不老不死の意味が加わるのは、後世になってからだと宣長は言い、該当する『万葉集』での用例の一つに、高橋虫麻呂の水江浦島子を詠んだ作品をあげています。

さらに、『日本書紀』の雄略紀の「到蓬莱山」とあるのは、漢を真似た『日本書紀』の書き癖である、「ゆめ此ノ文などに迷ひて、常世ノ国を、蓬莱のことゝな思ひ誤りそ」と警告しています。『風土記』にも、まったく同じことがいえるのです。

二人の出会いは『風土記』では、筒川村から舟で漕ぎ出して三日目の夜の海の上。『万葉集』では水江の浦から漕ぎ出て、七日目に海界《うなさか》を過ぎたところでした。しかしどちらの場合にも、そこはまだトコヨではなく、トコヨへの入り口にすぎませんでした。神の娘が登場し、島子を導かなければ、島子だってトコヨの国までは行けなかったに違いないのです。

そうでなければ、玉手箱が開いたからといって、島子があれほど嘆き悲しむ必要はなかったはずです。それは、二度とは戻れない場所への、唯一のチャンスを失ったことを思い知った絶望でした。

さて、これにくらべて、海幸山幸神話では、事情がかなり違っています。『古事記』では、「上つ国《うわ》」と「他し国《あた》」の行き来はあくまでも、日常的なものとして描かれているのです。山幸彦の帰郷にあたって召集されたワニの中で一尋鰐《ひとひろわに》、つまり両手を広げた長さのワニが、一日で往復できると答えて選ばれ、山幸彦はその頸につかまって帰ります。つまりここで、上つ国と他し国とは、ワニが一日で往復できる距離だと考えられていたということです。

『日本書紀』の第三の一書でも、大切な婿を上つ国に送り届けるために、ワタツミはワニを招集して会議を開きます。だれが乗り物として一番性能がよいかという議題で、サイズ別のチェックがされます。今ならさしずめ、どの車が早いかということでしょう。

この神話で、二つの国の往復に使われる乗り物としては、亀もあります。『日本書紀』の第三の一書では、臨月のトヨタマビメが大亀に馭《の》って、タマヨリビメを従えて「海を光《てら》して来到《きた》る」のです。これには、所要時間についての言及はありません。

また、『日本書紀』の第四の一書では、シホツチが山幸彦をワタツミの宮に送り出すとき、ワタツミの愛用する八尋鰐《やひろわに》に相談します。八尋鰐は「私なら八日かかりますが、ワタツミの乗る駿馬の一尋鰐なら一日で必ず」と言います。

ワタツミの宮に一尋鰐を迎えに行ったのを、八日も待っていると、ずいぶんたってから迎えに来たので、これに乗って「海に入る《わたなか》」とあります。乗り物としてのワニのことを駿馬と書いて平気な融通性は、『風土記』で蓬莱山をトコヨの国と読ませた感覚と共通のものでしょう。

一般的ではない最高の交通手段を使って一日です。これなら、日常的な生活感覚から、とんでもなくかけ離れてはいません。風や雲に乗れる神にさえ、すでに自由に往来のできなくなっている浦島子伝説に比べ、この二つの国の距離は、ずっと近いのです。

この近かった二つの国の距離を遠くしてしまったのは、山幸彦の背信行為でした。山幸彦がトヨタマビメとの大切な約束を守らなかったので、海の道は閉ざされてしまったのです。
では、五世紀の『風土記』の恋人たちの逢瀬を困難にするきっかけとなった事件を見てみましょう。

3　閉ざされた国境

通う女

さて、山幸彦はいよいよ、故郷に帰ります。浦島子伝説とは違って、ここでは、別れの悲しみは、まったく描かれません。二つの国の往来が可能かどうかが、明暗を分けているのです。二つの国の間の行き来は、ここではまったく問題がなかったのです。

『日本書紀』では、山幸彦の帰国にあたって妊娠が告げられます。妊娠している身で、夫は帰国するというのに、トヨタマビメはゆったりと落ちついて、少しの動揺も見せていません。

一方、『古事記』の場合は、彼が兄に全面勝利した後、トヨタマビメが山幸彦のところにやってきて、まるきり日常会話の雰囲気で妊娠を告げています。かつてワタツミは帰国にあたり、兄との戦いは三年かかると、山幸彦に教えていました。トヨタマビメが妊娠を夫に告げたのは、兄が彼に降伏して後のことです。では、彼女はいつ妊娠したのでしょうか。彼女の妊娠は明らかに、夫婦の別居後です。

つまり、二人はこの間、別居結婚を続けていて、上つ国にホヲリノミコトが帰ってから後も会っていたということになります。といっても、すでに臨月の身であるのに、その間、予告がなかったというのですから、それほど頻繁に通っていたというのでもなさそうです。

しかし、いよいよ別れるときの言葉に、「私は、ずっとあなたの所に海の道を通うつもりだったわ」とありますから、出産後も彼女は今までと同様に、別居結婚を続けるつもりでいたのです。

平安時代の貴族文学の連想で、通うのは男と私たちは考えがちです。けれども、『丹後国風土記』の浦島子伝説をはじめ、羽衣伝説の天女も含めて、女が男のもとに現れるかたちは、古代には珍しくありません。

『日本書紀』のトヨタマビメは、お産は間近だから、産屋を作って待っていてくれと頼みます。「絶対に風も波も速い日」を選んでいくと予言し、言葉どおり、風波を冒して妹のタマヨリビメを連れてやってきます。

融和的な象徴

しかし、これほどの妻を持ちながら、父親になるからといっても山幸彦は相変わらずひとりでは何もできません。妻に頼まれた産屋の準備さえ、間に合わないのです。

おかげで、子どもはウガヤフキアヘズなどという妙な名前を付けられてしまいます。妻から出産のときには本国の姿に返って産むのだから見ないでと、きちんと理由の説明も受け、念を押されていたにもかかわらず、竜やヤヒロワニに変身した妻の姿を見ると、びっくり仰天するばかりか、怖がって逃げ出す始末です。

一方、この出産のために、ワタツミの宮に住むトヨタマビメの側では、どんなに相手の立場も考え、心を砕いて準備していたかを、ストーリーは十分に伝えています。

『古事記』では、天つ神の御子を海で産むわけにはいかないというので、わざわざ、臨月の身でやってきます。『日本書紀』ではおまけに、とりわけ強い風波の日を選んでこようというのです。いかに大変なことなのかは誰でもわかります。トヨタマビメが見られたくない理由を、十分に説明しているのに、「その言《こと》を奇《あや》しと思ほして」(『古事記』)、「猶《なお》忍ぶること能《あた》はずして」(『日本書紀』)、彼はのぞいてしまうのです。浦島子伝説と同様、人の世の住人の不注意と裏切りとが、破局を招きます。

出産から離婚にいたる過程で、あらためて浮き彫りになるのは、山幸彦の際立って軟弱な個性です。彼は徹頭徹尾、役に立たないだけではなく、つねにあたらしく面倒を引き起こすのです。

こんな山幸彦を、だれもが寄ってたかって甘やかすのは、なぜでしょうか。トヨタマビメとの離婚後も、妹のタマヨリビメが御子を育てます(『古事記』、『日本書紀』では第一、第三の一書)。彼はほとんどものを言わず、意思表示はごく稀にしか行われません。描かれるのはほとんど、周囲の言動ですが、だれもがつねに山幸彦の意思を推し量りながら、彼に働きかけつつ、動くのです。彼の行動様式はつねに、目的意識からかけ離れています。しかし、猛々しい英雄伝説の主人公の性格とは、まるきり正反対の無力な山幸彦だからこそ、エロス的な存在として賛美を受け、保護の対象となっているのです。

閉じられたウナサカ

こうして彼は、周囲の援助によって容易に、英雄としての名も実も取ります。攻撃的で直線的であるより、融和的な象徴としての偶像の原型が、山幸彦のなかにあります。

さて、『古事記』ではホヲリノミコトが約束を破って変身した姿を見て、驚いて遠くまで逃げてしまったものですから、トヨタマビメが「あが形を伺ひ見たまひし、これいと怍《はずか》し」と言って、「海坂《うなさか》を塞《さ》へて返り入りましき」と書かれています。

トヨタマビメの「海の境を閉じ」るという表現は、ウナサカの通行権は、海の神の側のものであったことを意味しています。

『日本書紀』ではこの場面は、トヨタマビメが、「如《も》し我《われ》を辱《はずか》しめざること有りせば、海陸相通《うみくがかよ》はしめて、永《なが》く隔絶《へだてた》つこと無からまし。今既に辱《はじ》みつ。将《まさ》に何を以てか親昵《むつま》しき情《こころ》を結ばむ」と言って、草で赤ん坊を包んで海辺に棄て「海途《うみのみち》を閉ぢて」去ったと、書かれています。約束を破るような相手とは、いったい「何を以てか親昵しき情を結ばむ」という表現には、どこか公式声明のような響きがあります。

こうして、二つの国を通う道は、絶たれました。浦島子伝説の場合と同様、この断絶は百パーセント、山幸彦の側の愚かさと未熟さがもたらしたものでした。

4　律令国家誕生のドラマ

棄てられた赤ん坊

生まれ落ちるや両親の離婚が待っていた赤ん坊、母に去られた嬰児といえば、まさに、悲劇的な存在です。壮大な神話がここで一つの結末を迎えます。『日本書紀』の神代編はここで終わり、『古事記』の上つ巻もここで終わります。神話の世界に、ここで大きな区読点が打たれるのです。

生みの母があろうことか、波打ち際に赤ん坊を棄て、海の道を閉じ、海のかなたに消え去ったのです。このイメージは、実に強烈です。海辺に棄てられた、この生まれたての赤ん坊が、わが国の初代天皇、神武帝の父になるというのです。これを説く書物は天皇の勅命による史書なのですから、とりわけ不思議な印象を抱かせます。史書を編んだ目的を考えれば、日本の天皇家の成り立ちというのは、もっとも大切な中核となる部分です。ここさえ書けば一応の目的は達したというほどの、書物の臍の部分です。不都合な話であれば、書き換えを行ったに違いないところです。

しかし、見てきたように、『古事記』でも『日本書紀』でも、二つの世界をしっかりとつないでいた強い糸がたち切られ、生まれたての赤ん坊が渚にポツンと打ち棄てられているのを、これ見よがしに読者の目の前に突きつけています。これはすべて、山幸彦の行為によって引き起こされた悲劇です。しかも、こともあろうにこの捨て子が、彼を捨てた母の妹と結ばれて、初代天皇が生まれるというのです。

この挿話の謎を解くためには、何よりも、赤ん坊の母の素性を明らかにする必要があります。山幸彦はワタツミの娘と結婚し、ワタツミから渡された玉の力を借りて、敵（兄）を倒して、山ばかりか海の支配権をも掌中にしました。兄とのいきさつはここでは省略しますが、この兄は隼人の祖先だと書かれています。

ではトヨタマビメの父の大神であるワタツミとはだれなのでしょう。ワタツミは『日本書紀』第四の一書で、我《わ》が王《きみ》と呼ばれています。父親は海の神であるばかりか、国の王でもあるというのです。さらに、ワタツミの娘が竜の化身《けしん》だということが、その出産をめぐって明らかにされます。

竜は中国大陸や朝鮮半島では、昔も今も皇帝のシンボルです。海の向こうの国で、竜は天帝の子、天子としての皇帝を守り、ともにある霊的な存在だからです。つまりワタツミは皇帝、その娘であるトヨタマビメは皇帝の娘であったと考えられます。

神話学者、松村武雄は、『日本書紀』におけるワタツミの宮の描写と、『風土記』の浦島子伝説の神女の宮の描写が、わが国で描かれた霊界のなかで、突出して「富」の力を感じさせる異例のものだと指摘しています。

古き代の我が国人は、さまざまの霊界——高天原・黄泉国・根ノ国・常世国のいづれについても、かうした高華壮麗な宮居を云為してはゐない。そこに重要な心の動きがある。切言すれば、古代日本民族はワタツミの国に於ける「富」の力能を殊の外重く観じ、そしてさうした観念、信仰に一つの焦点的説示を与

へんとして、勢ひ漢文的潤飾に陥ったのである（『日本神話の研究』第四巻、培風館、一九五八年、四四二頁）

このユートピアには唐王朝の都、長安の憧れの王宮という具体的なイメージがあったのです。

中国との交流

そこで、この神話を読みとけば、山幸彦は強大な権力をもつ異国の皇帝から、皇帝の娘と、自国での王権を与えられたのだと考えられます。山幸彦が器に吐き出した玉は朝貢、ワタツミから渡された霊力を持った二つの玉は、金印に相当する力を発揮しているからです。

ここで、この間柄に相当する異国との交流を歴史のなかに振り返ってみることにしましょう。いうまでもなく、倭の国と中国との交流です。

一八世紀に志賀島《しかのしま》から出土した金印は、五七年に倭奴国王《わのなの》が後漢に朝貢し、光武帝から授かった「倭奴国王印」です。

倭国は五世紀まで、中国王朝を戴く「天下」に組み込まれ、中国皇帝との間に君臣関係を成立させることで、自国での地位を権威づけられるという冊封《さくほう》体制のもとにありました。

中国・宋の史書『宋書』倭国伝には、南朝の宋に朝貢した倭の国王として、讃・珍・済・興・武の名を記録しています。この五王は仁徳・反正・允恭・安康・雄略天皇だともいわれています。

興味深いことに、ちょうど島子がトコヨに出発したと記録されている雄略紀に、倭国が冊封を離れる動きが見られるというのです。神野志隆光は、稲荷山古墳の鉄剣銘文に、雄略紀の「辛亥年七月」と刻まれ、雄略が「天下を治むる」という句があることに触れて、大王の統治するところを「天下」ととらえる観念と、中国皇帝の「天下」に組み入れられてあることは両立しようがないと指摘しています（『古事記と日本書紀』講談社現代新書、一九九九年、一五九頁）。

「日出《い》づる処《ところ》の天子、日没《ひぼっ》する処の天子に致す」という遣隋使の国書が皇帝煬帝《ようだい》を激怒させた事件は六〇七年のことでした。倭王は朝貢をしても冊封を要請しないかたちをとり、冊封体制から離れて独立します。

記紀の叙述で何より不思議なことは、日本古代にあってもっとも重要であった国、中国との交流の歴史がまったく見えてこないことです。これは朝鮮半島諸国との交流の叙述の細かさとちょうど正反対で、奇妙です。新羅《しらぎ》王からの朝貢の記録や百済《くだら》の皇位継承者が冊封を受けに日本に来る話は、くわしく記述されます。『日本書紀』の巻二十七・天智天皇紀には、百済の王子豊璋を、多臣将敷《おおのおみこもしき》の妹と結婚させて百済の王位につかせたなどとあります。

この記紀の叙述の偏りをどのように受けとめればよいのでしょうか。ここで私たちに必要なのは、記紀の世界が何のために構築されたのかという問いかけです。神野志は前掲書のなかで、記紀は新しく生まれた律令国家「日本」を成り立ちから確信するための物語、「自分たちの世界の根拠を確信しようとするもの」（前掲書、一五八頁）だと説きます。

『古事記』は中国についてふれることがない。中国との関係は切り捨て、中国に関わらざるをえない近い時代は扱わない。大八島国の外は朝鮮半島（百済・新羅）についてのみ語り、応神天皇がこれを服属させ、朝鮮半島が天皇の「天下」のもとにある由縁を示す。一方、『日本書紀』は中国とのかかわりを含めて述べるが、朝鮮半島諸国を支配する大国として、一貫して中国の冊封を受けず、対等な関係において一つの独自な世界たるをたもってきたと語る。そうした「歴史」（虚構と言えば虚構だが、それが自己を確信できる物語として機能する）が律令国家の正統性をささえるのである（前掲書、一六〇―一六一頁）。

つまりは中国との密接な交流の歴史的事実をすっかり隠蔽して語るのでなければ、あらたに生まれたばかりの国家の正統性を主張しにくかったということでしょう。もしも中国との交流の歴史が、あるべきかたちで作品のなかに組み込まれていたなら、中国の皇女と倭の皇子との華やかな恋愛や結婚譚が、いくつも語られていたはずでした。

海幸山幸神話と浦島子伝説。異郷との交流と訣別をモチーフにした海の神話。この二つの神話こそ、歴史の表面には描かれることのなかった日本と中国の皇子、皇女たちの物語であったのです。

海の神話の隠された意味

生まれたばかりで海辺に打ち捨てられ、通う路（ウナサカ）も閉じられて、母に去られた赤ん坊。この赤児こそ、ほかでもなく、中国の胎内に長く育まれてきたわが国が、新しく律令国家として生まれ出ようとする姿でした。山幸彦は偉大な竜であるトヨタマビメを怖がって逃げ出しましたが、その子は母の妹（タマヨリビメ）を養い親として育ち、彼女と結婚して、神武天皇が生まれます。したがって、私たちの国の初代の帝は、四分の三は竜の子なのです。この物語には中国との蜜月が終焉し、両国の新たな関係が樹立されるための、まさにその瞬間の、わが国古代の最大のドラマが織り込まれていたのです。

私たちの祖先は、海の神話の隠された意味を深く受けとめていたことでしょう。出産に痛みが伴うように、あらゆる自立も痛みを伴います。解放と自立には自由の喜びばかりではなく、失われた楽園への哀惜がつきものです。

海幸山幸神話に描かれた、楽園追放の衝撃と痛みの記憶。浦島子伝説の伝える、失われた絆へのやみがたい思慕は、海岸を洗う波音のなかに、いまなお響き合っています。

釣針喪失譚、竜や鰐、水界の住人と王朝の始祖との結婚譚の類話がインドネシア、ミクロネシア、メラネシアに分布していることは、松村武雄・松本信廣をはじめ多くの先学たちが明らかにしています。

これが中国や朝鮮半島、日本にも伝播して、竜蛇信仰によるさまざまな類話が派生したものと考えられています。私たちの国の二つの海の神話の輪郭もまた、遠くの海から祖先たちによって運ばれてきたのは、確かなことでしょう。

第三章　浦島子伝説の変遷
――浦島太郎はいつ登場したか

これまで私たちは「浦島太郎」の起源と原型を明らかにして、そこにどのような恋人たちの出会いと別れ、人びとの思い、社会の状況が映し出されてきたかを見てきました。ここでは、その後の浦島子伝説の移り変わりを追ってみたいと思います。

それぞれの時代の思想や流行を反映しながら、浦島子伝説は新しく現れた人びととともに、自在に衣を替えてよみがえりつづけてきました。

1　平安時代の浦島子伝説――『古事談』の『浦島子伝』

エロスへの讃歌

平安時代、公家たちは、浦島子伝説を洗練されたポルノ文学として楽しみました。その代表作は、『古事談』（十三世紀初めの説話集）に収められた『浦島子伝』です。また、古書の叢書『群書類従』は、十三世紀の作品として、異本の『浦島子伝』、『続浦島子伝』を収めています。

これらの作品も漢文体で書かれ、筋書きは『風土記』の浦島子伝説に沿っています。しかし精神的でピュアな愛の物語は、肉体的なエロスへの讃歌に、見事にすりかわっているのです。

『古事談』の『浦島子伝』

では『古事談』に収められた『浦島子伝』を現代語に訳してみます。

雄略天皇二十二年、水江浦島子がひとりで釣り舟に乗っていると、亀が釣れました。波の上に浮かんだまま、舟の中で眠っていると、あっという間に亀は美女に変身しました。艶やかに輝く美しい顔は、あの南威もかなわぬほど。きめこまかい肌の白さは、西施も顔負けでした（注　南威・西施はともに中国春秋時代の美女）。眉は蛾眉山《がびさん》にかかった三日月のよう。えくぼの愛らしさは、まるで天の川にさっと流れ星が落ちるようで、はっとさせられます。

ほっそりした体は、いま消えようとする雲のようにはかなげで、鶴がいま飛びたとうとする風情です。

島子は聞きました。

「神の国の方が、亀に変身してきたなんて、いったいどういうわけですか。あなたはどこに住み、どなたのお嬢さんなのですか。」

すると娘は答えました。「私は常世の者です。不死の黄金の庭、長生の御殿が私のいるところ。親や兄弟はあの宮殿におります。私、前世ではあなたと夫婦でした。私は天仙《あまつひじり》となって、常世の神の娘に生まれたのに、あなたの方は地仙《くにつひじり》に生まれて、漁夫として澄江の波の上でお暮らしです。いま前世の因縁にしたがってあなたを迎えに来ました。私といっしょに常世に行きましょう。前世での約束を守らなくては。私と結婚して下さい。」

島子は承知して神の娘に従い、あっというまに、常世の国に着きました。ここで、神の娘は島子と手を取って宮殿に行きました。そして島子を門の外に立たせて、先に中に入り、両親に島子の来たことを告げてから、いっしょに宮殿に入りました。

神の娘の衣の香りは、春のように甘く芳しく、美しい声は澄み渡った大気のなかに響く笛の音のように透き通っています。

島子はただの漁夫、釣老人です。けれども、志は雲より高く盛ん、その精神は強さと優しさを兼ね備えています。仙の世界にあって、体は健康そのもの。そこで、宮殿での生活をお話しましょう。

朱い色の柔らかい庭の内側に仙薬や玉が散り敷かれ、黒く繁る庭のあたりも、美しい玉や珊瑚で、きらびやかに飾られています。澄みきって清らかな池で、波を起こすと芙蓉《ふよう》の花が開花するさまは、まるで唇のよう。こんこんと湧き出る黒い泉があるので、菊も歓喜のあまり、まったく萎えようとはしません。そこで島子は神の乙女と美しい寝室に入ります。香りのよい風が娘の上に吹き、娘の美しい帳《とばり》を覆うものはもう何もありません。翡翠《ひすい》の簾《すだれ》をかき上げると、官能の嵐の強さは筵《むしろ》までも巻き上げるほど。娘が芙蓉の花弁を開けば、月は薄物を透かして射し入るのです。

島子は朝から金丹石髄を服用し、夕べには、玉をとかした酒や飲料に親しみました。九光による芝草の老化防止の処方、一茎に百節をもつ菖蒲による延命の薬です。しかしある日、娘が言いました。「あなたのお顔は年を重ねて、だんだんやつれて、骨ばってきたわ。ここで遊んでいてもきっと、故郷がなつかしいのでしょう。故郷に帰ってみたらどうでしょう」と勧めました。

島子は答えました。

「長いこと仙洞にお世話になって、いつも珍しい薬を味わうことができたし、とても楽しく幸せでした。しかし、もともとあなたは天仙、私は地仙。あなたのお心のままにいたします。お気持ちに逆らうことなんてできませんから。」

神の乙女は玉匣《たまくしげ》を五色の美しい刺繍が施された布で包み、ありとあらゆる黄金と珠玉で貫いた紐で結んで、島子に与え、しっかりと言い聞かせました。

「もし私ともう一度会って今のように一緒になりたいのだったら、この美しい箱の紐を解いてはいけませんよ」。こう言われて約束すると、繋いでいた手を離して別れました。島子は舟に乗って目をつぶり、あっというまに故郷の澄江の浦に着きました（淳和天皇二年、丹後国余佐郡の人水の江浦島の子は、この年、舟に乗って、故郷に帰りました）。

すると、どうしたことでしょう。故郷は波間に沈み、山川の姿まで変わって、住居のあたりが今では深い淵となっていたのです。島子はあちこち走り回って親しい人たちを捜し回りましたけれども、知った人はまったくいませんでした。しかし一人のお婆さんが、「あなたはどこの方ですか。私をご存じですか」という島子に答えて、こういいました。

「私はこの里に生まれて百七歳になるけれど、あなたのことは知りませんね。ただ、私の祖父から聴いたことがありますよ。昔、水江浦島子という人が、釣りが好きで海に遊んで、それきり帰らなかったまま、幾百年もたっているってね。」

浦島子はこの言葉を聞いて、すぐに神の乙女の所に帰りたいと思ったけれども、どうしようかと努力をすることもなく、神の乙女が恋しくて貰った玉手箱を開けると、紫の雲が出てきて立ちのぼり、西のほうに飛び去ったといいます（島子は、故郷を去って三百年後に故郷に帰ったのです。その顔は、まるで子どものようだったそうです）。

『風土記』のパロディー

むろん、ここでの核心は、太字部分の、島子と神の乙女のエロスの描写です。隠喩をふんだんに生かした表現は、二重の意味を与えられています。ここでは、隠された意味を読みときました。庭や芙蓉、泉や帳が女性性器、菊や月は男性性器です。

ごらんのとおり、洗練された技巧のおかげで、微妙なところで嫌らしくも、俗っぽくもならずにすんでいます。この時代は、和歌も本歌をもじった「本歌取り」が、新しい技法としてもてはやされていました。パロディーの全盛時代だったのです。『風土記』の浦島子伝説が、みごとなパロディーとなったのも、自然のなりゆきだったでしょう。

『群書類従』に収められた『浦島子伝』、『続浦島子伝』はこれを下敷きにしていますが、変更、追加の部分が煩わしく、すっきりしない印象を与えます。両方ともこの作品の焼き直しだからでしょう。『続浦島子伝』では、太字部分に文飾を加えた上で、陰陽五行の教えによるとしながら、性行為について『浦島子伝』のように比喩的にではなく、体位など詳細な説明が追加されています。しかし所詮、二番煎じです。文学的な完成度は『古事談』の『浦島子伝』のほうがはるかに上です。ハイライトの叙述の洗練され、凝縮された味わいはすっかり薄められ、単純に字義とおりの意味しか持たなくなっているのです。

どちらの作品も雅びな文化の爛熟期にあって、平安朝の貴族たちが浦島子伝説をどんなふうに楽しんでいたかが、よくわかります。

島子の職業は漁師

ところで平安時代の浦島子伝説は、どの作品も「島子已《すで》に漁父《あま》なり、亦釣翁《またつりおきな》なり。然《さ》はあれど志は高尚《たか》く成《し》て、雲を凌ぎて弥《いよいよ》 新なり」とほぼ同じ語句を使って、島子を説明しています。

『風土記』の島子は、風流で教養があり、いかにも上流階級の人として描かれていました。私たちにおなじみの昔話の浦島太郎は、庶民的な漁師です。主人公の職業が漁師だと限定され、明記されるのはこの時代に始まるのです。

もともと中国の古典にあっても、また日本の奈良時代の古典にあっても、漁夫や漁翁は、普通の漁師としては登場していないことのほうが多いようです。むろん、あの「三保の松原」の羽衣伝説が収められている、『駿河国風土記逸文』の漁夫は庶民ですが、これは「漁人」と書かれています。

『日本書紀』にはコトシロヌシの神、『古事記』では国つ神のニヘモツの子が魚釣を楽しんでいると書かれていました。『荘子』の巻一九「秋水篇」は、楚王が招こうと大夫を荘子の許に送ったとき、釣をしていた荘子が亀の例を引いて拒絶したという話です。また雑篇の一つ「漁父篇」は、孔子が漁父である老人を招いて教えを請うという形式になっています。

中国を旅する人は、行く先々の土産物屋で、長い顎髭を生やした三賢人の土人形の傍らに必ず、これに似た風貌の、ひとり糸を垂れて魚を釣る翁が置かれているのを見ます。三賢人は孔子、老子、孟子。釣り人は荘子でしょう。

平安時代には、こうした釣り人のイメージは、一般的にはかなり薄れてきていたのでしょう。そこで、島子はつまらない漁夫で年寄りだけれども、実は志は雲より高く盛ん、その精神は強さと優しさを兼ね備えている、とわざわざ書き加え、神の娘との釣り合いをはかったと考えられます。

とはいえ、面白いのは、ここに釣翁という表現が紛れ込んでいることです。翁のイメージは、この場にそぐわない唐突な感じを与えますが、ここで見え隠れしているのは、まさしく荘子に重なる隠者としての釣り人です。意識されている、いないにかかわらず、それぞれの存在についてのイメージは、時代を越えて行きつ戻りつ、消えたりまた現れたりしながら、移り変わっていくものなのでしょう。

前世で夫婦だった二人

平安カップルの新しい特徴は、前の世で夫婦だった仙人という設定です。前世の因縁、輪廻転生。しかし仏教との関わりは、ここではどうやら、まだうわべだけのものです。

文学が遊びとして生活のなかに溶け込んでくるなかで、浦島子伝説も手の届かない雲の上の話ではなく、身近な作品として生まれ変わったのです。恋愛、結婚という面倒な手続きを省略して、すぐに作品の核心であるエロスの営みの描写に入るという展開に、モト夫婦という設定は好都合でした。

平安時代では二人は地仙《くにつひじり》と天仙《あまつひじり》とに生まれ変わっていて、神仙思想は『風土記』よりも顕著です。さらに、「神女は婦の範を施し、嶋子は夫の密を玩ぶ」と、いささか場違いの感じの、男尊女卑の儒教道徳的な記述や、男性中心的な性意識も、『群書類従』本の『浦島子伝』には紛れ込んでいます。

帰郷は神の娘の方から言いだす形を取っていますが、あくまでパロディーですから、ここでは『風土記』の二人の愛情深いやりとりを、読者が知っていることが前提です。当時の読者たちは、これを女のあからさまな愛想づかしとまでは受け取らなかったでしょう。

実際、『群書類従』本の『浦島子伝』では島子が、神女の申し出に逆らえないとしながらも、実は故郷がなつかしくてよく眠れない夜が続いていたので、できれば帰りたいと思っていたと、告白しています。『風土記』への揺り戻しが少し大きくなっているかたちです。

こちらの『浦島子伝』の結末は、あっさりしています。また会いたいのなら玉手箱を開くなと言われ、二人が別れた後のなりゆきはこう書かれます。

島子は船に乗って、眠るように自然な状態で、あっという間に故郷の澄江浦に着いて尋ね回ったのに、七代後の孫に会えませんでした。捜し回りましたが、松ばかりが繁っていたのです。島子はこの時、十六歳でした。我慢できずに玉手箱を開けて、その底を見ましたら、紫の煙が天に昇っていっただけで、何も入っていませんでした。島子の髪の毛は、たちまち真っ白になってしまいました。

それでも人生を楽しんだから、めでたしめでたしということだったのでしょうか。

そのほかに、平安時代の浦島子伝説に関する記述で注目されるのは、『古事談』や『水鏡』（十二世紀末の歴史物語）で、淳和天皇の天長二年（八二五）に浦島子が帰郷したと改めて宣伝していることです。淳和天皇や仁明天皇の時代に、長命祈願の対象として、浦島子があらたなブームとなったのです。天皇の四十の宝算の祝賀のために浦島の像が作られ、お祝いの長歌にも登場します。このころの浦島文学には仙薬も登場し、道教的な色彩が強く現れています。

2　浦島太郎の登場――『御伽草子』

戦乱の世の浦島子伝説

時代は飛んで鎌倉室町時代。戦乱の世であった中世、恋愛は文学の中心テーマにはならず、軍記物の全盛期でした。殺伐とした世相を背景に仏教思想や無常観が浸透していきますが、庶民のエネルギーを背景に新しいジャンルの文学も生まれました。浦島子伝説は、謡曲、狂言にも『浦島』として登場します。

室町時代から江戸の初めにかけては、公家、僧侶、武士、隠遁者によって、数多くの物語草子が生まれました。その代表的なものが『御伽草子』です。

絵入りで、仏教的、儒教的な教化色の濃いものですが、その中に、『二十四孝』や『一寸法師』などと並んで、仏教的な報恩譚の付け加わった『浦島太郎』があります。「浦島太郎」という名前もここで初めて現れました。

『御伽草子』の読者層は一般庶民です。『風土記』や『浦島子伝』を楽しんだインテリ層、特権階級ではありません。主人公も一般庶民としてよみがえったのです。

『御伽草子』の浦島太郎

『御伽草子』の原文を訳してみることにしましょう。

昔、丹後の国に、浦島というものがおりました。彼に浦島太郎という、二十四、五歳になる息子がいました。彼は朝に夕に、海の魚を取ってきて両親を養っていました。ある日のこと、浦島太郎は釣りをしようと出かけました。浦や島、入り江と、あらゆるところで釣をし、貝を拾い、海草を刈ったりしていたところ、えしまの磯というところで、亀を一匹、釣り上げました。

浦島太郎は亀に言いました。「生き物のなかでも、鶴は千年、亀は万年というから、お前は長生きする動物だよ。ここですぐに殺すことは気の毒だから助けてあげよう。僕の恩を覚えていなさいよ」といって、亀を海に放してやりました。

こうして浦島太郎は、日が暮れてから家に帰りました。さて次の日、浦の方に出て、釣をしようと思ってみましたら、はるかな海上に、小舟が一艘、浮かんでいます。変だなあと思ってよく見ると、美しい女がたった一人、波にゆられてきて、太郎が立っているところに着きました。浦島太郎が
「こんな危険な海の上に、たった一人で船に乗って来られるなんて、いったいあなたはどなたですか」

と聞きますと、

「実は、あるところに行こうとして、ちょうどよい船に乗りましたが、折悪しく、波風が荒くて、多くの人が海の中に投げ出されました。しかし親切な方が私をこのはしけ舟に乗せて助けて下さいました。心細くて、鬼の住む島に行くのだろうかと、行き先もわからず困っておりましたところ、あなたにお目に掛かったのです。きっと前世からの因縁でございましょう。であればこそ、虎や狼も人間を縁という（得ようとする）のでしょうね」

と言って、さめざめと泣きます。

浦島太郎だって人の子、岩や木のような堅物ではありませんから、かわいそうに思って舟の綱を取り、女の舟を引き寄せてやりました。

すると女は
「どうか私を本国まで送っていってくださいな。もしここであなたに見捨てられたら、私はどこへ行き、どうなるのでしょう。あなたがお棄てになれば、私はどうなってしまうのでしょう。捨てられてしまえば、あの心細かった海の上での心細さと同じですもの」

と訴えて、なおさめざめと泣きます。

浦島太郎はかわいそうに思って、女の舟に乗って、沖に向かって漕ぎだしました。女の言うとおりに、はるばると十日あまり、舟に乗っていきますと、とうとう女の故郷に着きました。

さて、舟から陸に上がって、女の国はどんなところかと思ってみますと、なんとそこは塀は銀、屋根の瓦は金。立派な門があって、どんな天上の住まいもこれにはかなわないと思われる立派さです。女の住まいの素晴らしさは、どんな言葉でも及ばないほどです。

すると女が熱心に言いました。

「木の陰に宿ることも、河の水を汲んで飲むことも、すべて前世からの因縁だと申します。ましてあなたが私をはるばる遠い海の上を送ってきて下さったのは、前世での因縁ということなのですから、何の問題があるでしょう。結婚して、いっしょに暮らしましょうよ。」

浦島太郎は「ではおっしゃるとおりにしましょう」と言いました。こうして、ふたりは仲良く、どこでもいつでも離れずにいる鴛鴦《おしどり》カップルとして、とても仲良く暮らしていました。

「ここは竜宮城というところ。ここには四方に四季それぞれの自然があります。いらっしゃい。見せてあげるから」

と、あるとき女は太郎を案内しました。まず東の扉を開けると、そこは春景色。梅や桜が咲き乱れ、柳が春風に靡《なび》けば鶯の声が軒の近くに聞こえます。どの梢の先も花で一杯の美しさ。

南を見ると、ここは夏。春との間の垣根には、まず卯の花が咲いているのでしょう。池には蓮が露を溜め、さざ波が涼しげに立っている水際には、水鳥がたくさん遊んでいます。木々の梢は茂り、空にはセミが鳴き、夕立が来る雲の間からはホトトギスの鳴き声が夏を告げているかのようです。

西は秋。どの梢も紅葉して籬《まがき》の中の白菊や、霧の立った野べのはずれには、萩の花が露に濡れています。その中をかき分けていく鹿の鳴き声の寂しさに、ああ秋だなとわかるのです。

さてこんどは北の方をみますと、ここは冬景色。あたりの梢はみな枯れて、積もった枯れ葉の上には初霜。山々や白い雪に埋もれた谷の入り口に、炭を焼く煙が、はっきり冬だと感じさせる景色でした。

こんな竜宮城の様子に心を奪われ命の洗濯をし、豊かなくらしを存分に楽しんで月日を過ごしていましたから、三年などはあっという間でした。浦島太郎が言いますのに、

「私に三〇日のお暇を下さい。なりゆきで故郷の両親をほったらかしにしてきて、もう三年。両親が気掛かりだから、会ってきてから安心して戻ってきましょう」

と浦島太郎が申しますと、女は

「三年の間、仲良くしていただいて、すこしあなたの姿が見えなくても、あれこれ気を揉んで心配するほど愛し合って暮らしたのに、今別れたら、いったい今度はいつ会えるのでしょう。夫婦は二世の契りと

言いますから、たとえこの世でこんなにあっという間にお別れしても、必ず来世には、私とずっといっしょにいてくださいね」

と言って、さめざめと泣きました。また女が言いますのに、

「もう今は何もかもお話ししましょう。私はこの竜宮城の亀ですが、えしまの磯で、あなたに助けていただいた恩返しをさせていただこうと、夫婦になったのです。これを私の形見にしてくださいね」と左の方から美しい箱を一つ取り出して、「ぜったいにこの箱はお開けにならないで」と言って渡しました。

会うものは必ず別れるものだという道理は知っていても、我慢できなくて女は歌を詠みました。

幾夜もあなたと衣を重ねて寝たけれど、いま別れたら、いつまたあなたに抱かれて寝られるの
浦島の返歌。

あなたと別れて行くので、心は落ちつかずに旅の衣を身につけているけど、本当にあなたとの契りが深ければ、また帰ってくるからね
こうして浦島太郎は、女と互いに名残を惜しんでいましたが、いつまでもそうしてはいられないので、形見の箱を持って故郷に帰ってきました。忘れられない今までのことや、これから先のことなどを、思いつづけて遠い道のりを帰りつつ、浦島太郎はその気持ちを歌いました。

なりゆきで結婚した相手なのに、彼女の面影を忘れられないから、自分でもどうしていいかわからない

さて浦島太郎が故郷に帰ってみますと、人影はなく、虎が住む荒野になっています。これはどうしたことかと浦島は思い、ふと横を見ると、柴の庵があるので、そこで声をかけますと、中から八十歳くらいのお爺さんが出てきて、

「どなたですか」と言いますから、

「このあたりで浦島というものの行く先をご存じですか」

と尋ねますと、お爺さんが言いました。

「浦島の行方をお尋ねになるなんて、あなたはいったいどなたですか。不思議なことです。その浦島という人は、もう七百年も前の人だと聞いています」と答えましたから浦島はびっくりして、これはいったいどうしたことかと、そのわけをありのままに話しました。お爺さんも不思議に思い、浦島を気の毒に思って、涙を流して教えました。

「ほら、あそこに見える古い塚、古い石塔こそ、浦島の墓と言われているものです」。

太郎は泣く泣く、生い茂り露に濡れた草をかき分け、古い塚に参って涙を流しこう歌いました。

なりゆきでちょっと出たつもりの故郷に帰ったら、すっかり変わり果てて、虎の住む野辺になっているなんて、悲しいなあ

浦島は、一本の松の木陰に立って、信じられない事態にただ呆然としておりました。太郎は亀が渡してくれた形見の箱を、亀に絶対に開けるなと言われたけれど、もうどうなっても構うものか。開けてみようと思いました。そうしなければよかったのに。

箱を開けましたら、中から紫の雲が三筋、昇っていきました。これを見たら、二十四、五歳の若さだった太郎は、たちまちにお爺さんになってしまいました。すると太郎は鶴になって、空に飛んで行きました。亀は浦島の歳を箱の中に畳んで入れておいたのです。だから太郎は七〇〇年もの歳を生きたのです。開けてみるなと言われたのに、開けたのはつまらないことでした。ほら

あなたに会う夜はいつも、浦島の玉手箱を開けたときみたいに、夜が明けると、あなたと別れなければならないと思って涙が出てしまう

と歌にも詠まれていますでしょう。命ある生き物には、どれも情があるものです。まして人の身に生まれて、恩を受けたのに恩知らずであるのなら、木石と変わりません。

情の濃《こま》やかな夫婦は来世でも夫婦になるといいますのは、本当に有難いことです。浦島は鶴になり、蓬莱山に飛んで行きました。亀はめでたい甲のおかげで万年生きると言われます。ですからおめでたい例として鶴亀が引き合いに出されるのです。人であれば情け深くあれ、情け深い人は、先が幸せであると言い伝えられています。

浦島太郎もその後、丹後の国に浦島の明神となって現れて、人びとをお救いになり、亀も同じところ

に神となって現れて、御夫婦の明神となられました。めでたいことでした。

「報恩」よりは「他生の縁」

おなじみの、浦島太郎という名前。年齢は二十四、五歳と具体的。働き者の浦島は、魚釣に、貝拾い、海草を刈っては父母を養っています。平安文学の島子はまだ、凡人ではなくて地仙だとか、志が高い人物でしたが、こちらは平凡な名のとおり、まったく普通の漁師です。女は竜宮城の亀といいながら『風土記』のように亀姫と呼ばれることもなく、ただ「美しき女房」と呼ばれます。これについてはあとで触れることにしましょう。

女と浦島太郎の出会いは、それまでのパターンとは大きな変化を見せています。島子が亀を釣ると、絶世の美女になったのが、奈良時代の『日本書紀』や『風土記』の展開です。出会いはそのまま、求愛の場になっていました。

『丹後国風土記』の娘は五色の亀で、島子の眠っている間に娘に変身、驚く島子に愛を告白します。『日本書紀』では、島子の釣った大亀がすぐさま美女に変身。島子は感激して即、夫婦になったとありました。しかし、この『御伽草子』の亀は女にならず、五色に光りもせず、ただの亀としか見えません。浦島は亀を放しますが、命を助けてやるのだから恩を忘れるなと偉そうにいうのです。

『御伽草子』には中国の二四孝子の日本版『本朝二十四孝』のように、儒教的な教育訓話も含まれています。民話の「鶴の恩返し」や「舌きり雀」と同じような、動物による恩返しのモチーフが、浦島子伝説に潜り込んだのはこのときです。

浦島太郎と亀とは、「○○してやった」という、日常的なせちがらい貸借関係から出発します。ここで持ち出される「恩」という概念は、封建的な上下関係を支える思想です。浦島子伝説の男女はいまや、この上下関係のなかに、はめこまれてしまったということです。

次の日、女が現れて道に迷ったといい、見棄てないでというセリフを二度繰り返し、泣いて浦島に援助を求めます。しかし、女は自分が昨日の亀であるとも、恩返しにきたのだとも告げません。かわりに、あなたに会ったのは「此世ならぬ御縁」だと口説くのです。

浦島太郎を連れていった竜宮城で再び、娘の口から「これ他生の縁ぞかし」「ひとへに他生の縁なれば」と似た表現が繰り返され、これが、彼に結婚を迫るキーワードになります。彼女がじつはあの時の亀で、命を助けられた「その御恩報じ参さんとて」夫婦になったのだと告白するのは三年後、浦島が帰りたいと言いだしたときです。

しかし、ここでも女はまず、来世もまた夫婦になりたいと訴えています。夫婦は二世の縁だから必ず「一つ蓮の縁」と生まれてくれと言うばかりか、またもやさめざめと泣きます。亀だという告白はそのついでのように語られ、浦島も聞き流すといった程度の扱いです。したがってここで中核となっている思想は、口承文芸研究家の小澤俊夫も言うように、儒教的な報恩であるよりも、仏教的な「他生の縁」でしょう（「時代による口承文芸の変容」『国文学　解釈と鑑賞』一九七五年十一月号）。

泣く男から泣く女に

女の涙をみて、浦島は「あはれと思ひ」、送っていくことにします。女がさめざめと泣き、浦島太郎も「あはれと思ひ」というパターンが二度繰り返されて、ついに彼は女と同じ舟に乗ることにするのです。彼を動かしたのは、女の色香でも、恋でもなく、女の涙でした。若い男なのに「岩木にあらざれば」というような言い訳をしながら、彼は女についていきます。

「さめざめと」泣くという言葉は、文中で三度繰り返されます。浦島文学史上、一番よく泣く女は、この女房です。しかし、じつはもともと、この伝説で泣くのは主に島子の方でした。『風土記』では、故郷が恋しくなったといって悲しみ、女との別れがつらいといって嘆き、もう会えなくなったといって涙にむせびます。女も泣きますが、「涙を拭ひて嘆きて」と描かれていて、男の意思を尊重して涙を拭う、すっきりとしてけなげな姿で描かれていました。

女の住みかは竜宮城ですが、なぜか不思議な静けさがこの宮殿を支配しています。初めから終わりまでこの二人以外には、女の家族は登場しません。これは、室町時代に母系制が急速に力を失って、父系制への移行が完了したことを反映しているのでしょう。二人だけということでは『万葉集』も同じでしたが、あの「内《うち》の重《え》の妙なる殿」には、静かで落ちついた居心地のよさが感じられました。

こちらの二人の結婚生活には、「偕老同穴《かいろうどうけつ》」の契りという具合にすべてお定まりの常套句が並べられているだけ。奈良時代のような心ときめく恋愛でもなければ、平安時代のように、豊かなエロスの世界が展開するのでもありません。かわりの目玉として登場したのが、当時の文学に流行した四季見物のツアーでした。

武家社会の呼称「女房」

ところで、この話のなかでは女は終始、「女房」と呼ばれています。いまでは妻のことですが、女房とは本来、中流階級出身の高位の女官や、貴族の家に仕える女のことでした。

同じ『御伽草子』の「さいき」で主人公が見初める京の美しい女は、「年の程、二十ばかりの女房の、みめかたち世にすぐれ」云々と書かれます。このとき佐伯は女が亭主持ちかどうかを知らず、語り手も何も告げません。佐伯は声をかけたいと思うのに、もしもご亭主が近くにいたら、といらぬ心配をしています。

この語り手の意識は、『浦島太郎』の場合と共通です。つまり、語り手が女を女房と呼んでも、女に亭主がいるとは限らないのです。ここでは成熟した女はみな、どこかの男の女房であるはずという意味で、女房と呼ばれるのです。もっとも、成人女性を見れば、未婚でも「奥さん」と呼びかける習慣は、いまだに続いています。女房という呼称は、女と言うのと同じということなのです。

成人した女を十把ひとからげにして「女房」と呼ぶのは、女が男に従属する性になったことを象徴するものです。『御伽草子』がここぞとばかり、力をこめて描いているのは、太郎にとって説教したり、援助したりできる弱い性としての女のイメージです。この女が、ただの亀として手もなく漁師に釣られたり、何度もくりかえし、さめざめと泣いてみせるのが、この要求にぴたりと応えるものであったことは、いうまでもありません。

「かりそめ」の契りとはいえ

「心を慰み、栄花に誇り」と語られる竜宮での暮らし。明らかにその中身は、奈良や平安時代の島子たちに約束されたものとは違っています。つつましい暮らしにいそしむ庶民のだれもが、束の間、夢見る別世界。「ふるさとの父母を、見すてかりそめに出」たという罪悪感も、父母を養う庶民であればこその感覚でしょう。

彼にとっての竜宮行きは、女の涙に心動かされた、ほんの出来心。奈良や平安時代の島子たちのように自ら選びとったのではなく、あくまでも「かりそめ」にすぎなかったのです。この「かりそめ」は、最近若者がよく使う、「なりゆきで」というのに、かなり近いニュアンスでしょう。オシドリ夫婦として三年をすごしたあとではありますが。

『風土記』の島子のように別れを言い出すのを悩んだ様子もなく、『万葉集』のように女も泣かないのならまだしも、女房はさめざめと泣くのに、浦島が別れを悲しむ様子は書かれないのですから、男にとってこの女房の存在の意味は不明です。

「かりそめ」という言葉は、この作品中、三回、繰り返されます。帰る海路の道すがら「かりそめに契りし人のおもかげを」と歌っていますし、故郷に帰った浦島が墓の前に立ったときも

かりそめに出にし跡を来て見れば虎ふす野辺となるぞ悲しき

と、三度、「かりそめ」という側面が強調されるのです。

玉手箱の意味も、一変します。亀は「是は自らがかたみに御覧じ候へ」と言い、さらに「あひかまへてこの箱をあけさせ給ふな」と付け加えます。開けたら二度と女に会えないことを、彼は教えられません。

だからこそ、浦島は墓の前で涙を流し、松の木陰で呆然としつつ、「亀が与へしかたみの箱、あひかまへてあけさせ給ふなといひけれ共、今は何かせん、あけて見ばや」と、いとも簡単に開けてしまうのです。ここでの浦島の涙に、女房への思いがこもっていないことも、明らかです。

「亀がはからひとして、箱の中にた、み入れ」たのが「七百年の齢《よわい》」とあります。浦島の竜宮滞在は三年だったと書かれているのですから、なぜここで七百年という計算になるのか、わかりません。平安期の『浦島子伝』に、七世の孫に会えなかったとあるのが響いているのかもしれません。

「二十四五の齢も、忽ちにかはりはて」た場面で、この『御伽草子』の浦島子伝説は終わりかといえばそうではありません。何の前触れもなく、浦島は突然鶴になって、虚空に飛び立つのです。その後、浦島は丹後国に浦島明神として現れ、亀もおなじところに来て夫婦の明神になって「めでたしめでたし」と、『御伽草子』共通のハッピーエンドの型が守られています。

しかし、鶴になって女と再会するという展開は、いかにも唐突でご都合主義です。これまで長い間、浦島子伝説のメイン・テーマだった男女の情愛が、この物語では印象が薄いからです。当人でさえ、この結婚はかりそめの契りだったと主張しているとおりです。

とはいえ、さらに深く考えてみれば、だからといって、これが夫婦の情愛を否定するものだとはいえません。そもそも仏教的な無常観にとって、この世にかりそめでない行為や関係など、ありえないからです。

太郎は「かりそめ」と繰り返し口にしますが、これは実はそのまま、女のいう「他生の縁」、前世からの宿縁という言葉に置き換えられるものでしょう。したがって、前世で夫婦であった平安時代の二人と、この室町時代の二人の関係は、それほど大きく変化していないのかもしれません。

白髪の老人になりこそすれ、その後、浦島は鶴となり、女は亀となって夫婦の明神と祀られるのですから、明らかに二人の結びつきはめでたいものとして、祝福されています。

女と男の出会いと別れが物語の中心になる浦島子伝説の時代は、ここでほぼ終わりを告げます。

3　江戸の浦島絵本と口承文芸——柳亭種彦の『むかしばなし浦島ぢゝい』

江戸時代、出版文化は急成長します。小さなサイズ（十八×十三センチ）の安価な絵本が登場。種類は豊富で、ジャンルも広がりました。見開きごとに絵の現れる赤本は、庶民の娯楽に欠かせないものでした。大人が子どもにも読み聞かせて楽しんだ赤本には、大人向けの洒落も含まれ、絵も子ども向きとはいえません。その源となった『御伽草子』より娯楽性が強く、滑稽と洒落の世界です。

浦島子伝説をもとにした絵本もいくつか残っています。ここでは柳亭《りゅうてい》種彦《たねひこ》の『むかしばなし浦島ぢゝい』を取り上げます。この浦島は年寄りが若返るという、逆の趣向を凝らしています。この他、為永春水も大人の読み物として合巻の『浦島一代記』を書き、近松門左衛門は浄瑠璃の『浦島年代記』を書いて、竹本座で義太夫が初演しました。浦島子伝説の影は、どのジャンルにもあるのです。

さて、柳亭種彦は『むかしばなし浦島ぢゝい』の冒頭、幼い女の子が越後の人から聞いたという話を、聞き書きしたものだと断っています。「予が洒落」の部分もあるが、「木偶の竜宮へもどる条までは、只聞たるままに記す」と、かなり忠実に、いろり端で語られた民話の姿をとどめていることを、述べているのです。日本全国の民話、昔話を集めた関敬吾が『日本昔話大成』に収めた各地の「浦島太郎」、「竜宮童子」、「竜宮女房」の類話を読むと、たしかにこの種彦の『むかしばなし浦島ぢゝい』はこれらと共通の要素が多いことがわかります。

昔話の民話の世界では、竜宮は気楽に行き帰りができるようなところだったり、玉手箱がお土産になったりします。富山の浦島太郎は、一泊して、三日目におみやげをもらって帰ります。語りの場のなかで、非日常的な意味を持っていたものが、どんどん日常化していくのです。小澤俊夫は、口承文芸のこうした造形的特質を「水準化作用」という言葉で説明しています（前掲論文）。

種彦の浦島太郎はもはや太郎作、ぢゝい、と呼び棄てられるほど庶民化しているのに、神の娘は、ここでふたたび竜王の姫として返り咲いています。一方、水準化作用は、太郎作の古女房には及んでいて、娘の恋は完全に消されて葬られてしまいました。

天翔ける恋にかわって、太郎作の持ちかえった人形に対するおばあさんの嫉妬が描かれることになりました。「若き時の癖が失せず、人形ながら美しき、女ゆえにてあなるか」とおじいさんに背を向けるおばあさん。まるでテレビのホームドラマのような夫婦喧嘩の光景です。かつて美しい恋人たちであった浦島子伝説の主人公は、いまやまったく別世界の住人、女房の悋気《りんき》に手を焼く正直爺さんになってしまいました。

4 明治国定国語教科書の浦島太郎

それでは、私たちがよく知っている、浦島太郎はいつ登場したのでしょうか。

私たちにとっての浦島さんは、子どもたちにいじめられていた亀を助けた人、亀に連れられて竜宮城に行き、乙姫様にお土産にもらった玉手箱を開けて、たちまち白髪のお爺さんになった人です。乙姫様の恋人でもないし、結婚相手でもありません。心優しかったばかりに、故郷に帰って突然白髪のお爺さんになるという、残酷な結末になっています。

第一期国定教科書『ウラシマタロウ』

明治三十六年（一九〇三）、文部省が国定教科書を作り、全国の尋常小学校（満六歳で入学。修業年限は四年）で他の教科書の使用を認めない、という制度が確立します。

翌三十七年（一九〇四）に作られた、第一期国定国語教科書の第十六課が、『ウラシマタロウ』の初登場です。では、原文を見てみましょう。

海ニハ、魚ノ外ニ、カメモ スンデ居マス。昔々 浦島太郎ト イフ リョーシガ、ハマベヲトホリ マシタ トコロ ガ、イタヅラ ザカリノ 子供 ガ、大キイ カメ ヲトラヘ テ、サン〴〵 ニ 苦シメテ 居 マシ タ。浦島ハ、ナサケ ブカイ 男 デ アッタカラ、之ヲ 見カネテ、「ソンナ ムゴイ コト ヲ スル モノ デハ ナイ、早ク ニガシテ ヤレ。」ト 子供ニ イヒキカセ マシ タガ、子供 ハ ナカ〳〵 キヽイレ マセ ヌ。ソコ デ、 浦島 ハ、フトコロ ニ 持ツテ 居タ 錢 ヲ 子供 ニ ヤリ、カメ ヲ モラヒウケテ、其ノ コーヲ ナデ ナガラ、「ヤレ〳〵 カハユ サウ ナコト ヲ シタ、サア ニガシ テ ヤル ゾ。」トイツテ、カメヲ 海 ニ ハナシ テ ヤリ マシ タ。カメ ハ ウレシ サウニ、水ソコ 二 入リ マシタ ガ、其ノ ノチ 浦島 ヲ、 リューグー ト イフ、メヅラシイ トコロ へ、ツレテ ユキ マシ テ、オンガヘシ ヲ シタ ト イフ コト デ アリ マス。

登場するのは、いじめっ子と亀と浦島。いじめられていた亀を浦島が助けたこと、その亀が恩返しをしたというだけの話です。乙姫様さえ、登場しません。これではあまりに簡単にすぎたということになったのでしょう。明治四十三年（一九一〇）に改定された第二期の教科書の『ウラシマノハナシ』は、次のように展開されます。

第二期国定教科書『ウラシマノハナシ』

（一）

①浦島が子どもたちにいじめられていた亀を助けた。

②その亀が二三日後に来て、お礼に竜宮に連れていく。

③竜宮にはきれいな乙姫様がいて、歓待をうける。

④浦島は竜宮での御馳走や遊びに飽きた。

（二）

⑤浦島が乙姫に礼を述べて帰る。

⑥乙姫が浦島に別れのしるしといって玉手箱を渡し、ふたを開けるなという。

⑦帰ってみると、父母もだれも知っているものは死んで、家もなく悲しくなった。

⑧悲しいので玉手箱のふたをあけると煙が出て、たちまちお爺さんになってしまった。

ウラシマ　ノ　ハナシ　（一）

①ムカシ　ウラシマ太郎　ト　イフ　人　ガ　アリマシタ。アル　日　ウミベ　ヘ　出テ　見ルト、子ドモ　ガ　大ゼイ　デ　カメ　ヲ　ツカマヘテ、オモチヤ　ニ　シテ　ヰマス。ウラシマ　ハ　カハイサウ　ニ　思ツテ、子ドモ　カ

ラ ソノ カメ ヲ 買ツテ、ウミ ヘ ハナシテ ヤリマシタ。
②ソレ カラ 二三日 タツテ、ウラシマ ガ ウミベ デ ツリ ヲ シテ ヰル ト 大キナ カメガ 出テ キテ、
「ウラシマ サン、コノ アヒダ ハ アリガタウ ゴザイマシタ。オレイ ニ リユウグウ ヘ ツレテ 行ツテ アゲマセウ。私ノ セナカ ヘ オノリ ナサイ」
トイヒマス。ウラシマ ガ ヨロコンデ、カメ ニ ノルト、ダンダン ウミ ノ 中 ヘ シヅンデ 行ツテ、マモナク リユウグウ ノ 門 ヘ ツキマシタ。
③リユウグウ ニハ オトヒメ ト イフ キレイナ オヒメサマ ガ 居テ、ウラシマ ノ 来タ ノ ヲ タイソウ ヨロコンデ、イロイロナ ゴチソウ ヲ シタリ、サマザマ ノ アソビ ヲ シテ 見セ マシタ。
ウラシマ ハ オモシロクテ タマリマセンカラ、リユウグウ ノ オキヤクサマ ニ ナツテ、ウチ ヘ カヘル ノモ ワスレテ ヰマシタ。

ウラシマ ノ ハナシ (二)

④ウマイ ゴチソウ モ 毎日 タベルト、シマヒ ニハ イヤ ニ ナリマス。オモシロイ アソビ モ 毎日 見ルト、シマヒ ニハ アキテ キマス。
⑤ソノ ウチ ニ ウラシマ ハ ウチ ヘ カヘリタク ナツタ カラ、アル 日 オトヒメ ニ、
「イロイロ オセワ ニ ナツテ、アリガタウ ゴザイマス ガ、アマリ ナガク ナリマス カラ、モウ ウチ ヘ カヘリマセウ。」

ト イヒマシタ。

⑥オトヒメ ハ

「ソレ ハ マコトニ オナゴリヲシイ コト デ ゴザイマス ガ、ソレデハ オワカレ ノ シルシ ニ コノ ハコ ヲ オ上ゲ マウシマセウ。シカシ ケツシテ フタ ヲ オアケ ナサイマス ナ。」

ト イツテ、タマテバコ ト イフ リツパナ ハコ ヲ ワタシマシタ。

ウラシマ ハ ハコ ヲ モラツテ、マタ カメ ノ セナカ ニ ノツテ、海ノ上 ヘ 出テ 来マシタ。

⑦ウチ ヘ カヘツテ 見ル ト、オドロキマシタ、父モ 母モ シンデ シマツテ ジブン ノ ウチ モ アリマセン、トモダチ モ ミンナ ヰ ナクナツテ、知ツテ ヰル モノハ 一人モ アリマセン。何ダ カ カナシクテ カナシクテ タマリマセン。

⑧アマリ カナシク ナツタ カラ、オトヒメ ノ イツタ コト モ ワスレテ、タマテバコ ヲ アケテ 見ル ト、中 カラ 白イ ケムリ ガ 出テ、ウラシマ ハ ニハカニ オヂイサン ニ ナツテ シマヒマシタ。

尋常小学唱歌の『浦島太郎』(明治四十四年)も、この筋を忠実になぞったものです。

一 昔々浦島は　助けた亀に連れられて
　竜宮城に来て見れば　絵にもかけない美しさ

二　乙姫様の御馳走に　鯛や比目魚《ひらめ》の舞踊り
　　ただ珍しく面白く　月日のたつのも夢の中《うち》

三　遊びにあきて気がついて　お暇乞いもそこそこに
　　帰る途中の楽《たのしみ》は　土産に貰った玉手箱

四　帰って見ればこは如何に　元居た家も村も無く
　　路に行きあう人々は　顔も知らない者ばかり

五　心細さに蓋《ふた》とれば　あけて悔しや玉手箱
　　中からぱっと白烟《しろけむり》　たちまち太郎はお爺さん

私たちの浦島子伝説

日本の子どもたちは、浦島太郎のお話を学び、この歌を歌ってきました。この二つがセットになって、私たちの浦島子伝説を形づくってきたのです。

お話の①、②が唱歌の一番、③が二番、④、⑤、⑥が三番、⑦が四番、⑧が五番に、それぞれ対応しています。

さて、ここでまず注目されるのが、子どもたちの亀いじめです。亀はむろん神の娘ではありません。助けたお礼にこの亀に連れられて、浦島は竜宮城に行くのです。

浦島太郎の年齢も明らかにされません。『御伽草子』では二十四、五歳と書かれていて、独身男性になっていました。しかし、第一期の教科書から第六期の改訂教科書に到るまで、どの時代にあっても、浦島の年齢に触れたものはありません。「むかし うらしま太郎 と いふ 人 が ありました」という以上の説明はなされないのです。

乙姫さまは太郎に恋はしませんし、結婚もしません。そのため浦島太郎の竜宮行きは、お礼の接待になり、竜宮城は楽しいだけのレジャーランドになっています。

となれば、いうまでもなく、帰るのは、遊びに「飽き」たときです。「ゴチソウ モ 毎日 タベル ト、シマヒ ニハ イヤ ニ ナリマス。オモシロイアソビ モ 毎日 見ル ト、シマヒ ニ ハ アキテ キマス」というところには、勤勉な精神の奨励という教育的配慮がありそうです。

もっとも第五期の教科書では、「かうして三年たちました。ある日、うらしまは、父や母のことを思ひ出して、急に家へかへりたくなりました」と、本来の形に戻ります。

玉手箱はお別れのしるし、「お土産」です。教科書では「ケツシテ フタ ヲ オアケナサイマス ナ」とい言われますが、その理由の説明はないので、単純な浦島には「帰る途中の楽」しみになってしまいます。そこで、「あけて悔しや玉手箱」という思いもかけない結末に、ただ呆然となる。これがここ百年ほどのあいだ、日本人におなじみの浦島太郎です。

では、この浦島太郎はどこからやってきたのでしょうか。実は明治二十年代の後半、新しい『浦島太郎』が生まれていました。

明治二十七年から、当時まだ二十代であった流行作家、巖谷小波の改作で、『日本昔噺』二十四編が博文館より刊行されました。その中の第十八編（明治二十九年〔一八九六〕）に、『浦島太郎』が登場しています。

5　巖谷小波の『日本昔噺　浦島太郎』——私たちの浦島太郎

明治維新の文明開化とともに江戸時代の赤本類は消えかけ、お話は耳から耳へ伝えられるばかりになっていました。明治二十年代の終わり、巖谷《いわや》小波《さざなみ》は子どものために工夫をこらして、「絵で読む昔話」を生み出したのでした。小波の『日本昔噺《むかしばなし》』のシリーズは、続けて発行された『日本お伽噺《とぎばなし》』二十四編、『世界お伽噺』百編のシリーズとともに、明治以後、戦前まで子どもたちに愛されつづけました。

明治四十四年生まれの物理学者だった私の父昌一も、「小学時代には、小波の『世界お伽噺』に夢中になり、夜おそくまで読みふけった。私の物理学が空想的だといわれるのは、その影響かも知れない。」と遺稿に記しています。

子どもたちの亀いじめに始まる、私たちの親しんだ浦島作品の原型は、この小波の『日本昔噺』の『浦島太郎』だったのです。

むかしく〱丹後の国水の江と云ふ処に、浦島太郎と云ふ、一人の漁師が在《あ》りましたとさ。

或日の夕方、此の浦島太郎は例《いつも》の通り漁に出た帰途浜辺から自家《うち》の方へ来やうと思ひますと、十一二を頭《かしら》に十才《とう》八才《やっつ》位な子供が大勢寄てたかつて、一匹の亀児《かめのこ》を捕へまして、彼方《あっち》へ引張つたり此方《こっち》へ引張つたり、散々玩弄《おもちゃ》にした揚句、石をぶつけたり、棒で撲つたりして、酷《ひど》い目に遭はせて居ります。

浦島は情深い男ですから、これを見て可哀さうに思ひ、「コレ〳〵、お前達はそんなに亀児を苛責《いじ》めて……それぢやア今に死んでしまうぜ。」と云ひましたが、悪戯盛りの子供達は、中々云ふ事を聴きません、「なアに死んだつてかもうもんか。面白いからやれ〳〵、」と尚も乱暴に苛責めますから、そこで浦島は考へまして、「コレ〳〵、お前達はまことに好児《いいこ》だから、その亀児を爺《おじ》さんに呉れないか。」「厭な事たア。此奴《こいつ》は吾等《おいら》達が捕へたんだもの……」「イヤ、それは道理《もっとも》だが爺さんだつて只《ただ》で呉れろと云ふんぢやないよ。その代りにお銭《あし》をあげるから、つまり其の亀児を爺さんが買うんだ。ネ、よしか！　それでお前達は此のお銭で、何でも好きな物を買つて遊びやア、その方がどんなに良いか知れやしないぜ。ネ、好児だからさうお為《し》！」と優しく云ひ聞かせますと子供は邪気《つみ》の無いもので、すぐに又その気に成り、「それぢやア爺さん！　亀児をやるからお銭をお呉れよ！」と、やがて亀児とお銭と取り替へまして、「みんな来い〳〵」と其儘《そのまま》何処《どっ》かへ行てしまひました。

いたずら坊主たちと浦島とのやりとりは、言文一致体で、情景が目に浮かぶようにリアルに描かれています。庶民的なこの浦島太郎は、子どもとのやりとりで自分のことを「爺《おじ》さん」と呼び、子どもにもそう呼ばせています。しかし、彼はお爺さんではありません。ふりがなには「をぢさん」とあります。この「をぢさん」の実年齢が明かされるのは浦島が玉手箱を開ける、最後の場面です。

廃《よ》せばよいのに、玉手箱の紐を解いて、蓋を開けて見ますと、あ、ら不思議！　中からは紫の雲が三筋斗《ばか》り立ち昇つて、自分の顔にか、ると思ふと、今まで廿四五《にじゅうしご》であつた浦島が、俄《にわ》かに皺だらけの老爺《おじい》さんに成て、腰も立たなく成てしまいましたとさ。めでたし〳〵

二十四、五歳と書かれるのが意外なほど、この下町育ちの浦島の性格は世馴れていて、まるで横町のご隠居さんです。皺だらけのお爺さんになっても、めでたしめでたしという強引な終わり方ができるのも、この語り口の軽妙さゆえでしょう。もっともこれは小波がお手本にした赤本のスタイルでした。式亭三馬の狂句にもこうあります。

赤本の　をはりと春の　はじまりは　いつもかはらず　めでたし〳〵

真ん中をすっかり飛ばしてしまいましたから、始めに戻ることにしましょう。亀を助けて放す場面。「鶴は千年亀は万年と云つて、お前はこの世界中で一番寿命の長い者だのに」と、ここは『御伽草子』を踏襲していますが、「私が通り掛つて、お前を助けたといふのも、矢張りお前の寿命のあるのだ。サア、これから私が放してやるから、又捕まらない中《うち》に疾《はや》く自家《うち》へ帰んなさい！」と親切に言い、少しも恩着せがましくありません。

翌日になって、前日の亀が男になって現れます。柳亭種彦の『むかしばなし浦島ぢゝい』の路線ですが、こちらの方がはるかに饒舌で、そのまま落語の世界です。

「オイ亀さん、今呼んだのはお前かエ？」（中略）
「ヘイ私で厶《ござ》います。昨日はお蔭様で命拾ひを致しまして、難有《ありがと》う厶いました。それで今日は一寸お礼に参つたので厶います。」
「さうかイ、それはまア御丁寧に……まア上つて一服やんなさい、と云ひたいがお前は亀児だから、まさか煙草も吸ひなさるまいな。ハ、……」
「ヘ、、、お酒の方なら大好物で厶いますが、お煙草はどうも頂けませんので。」
「さうかイ、生憎此処《あいにくこ》にお酒はないが、まア上つて甲羅でも乾して行きなさい。」

この亀に乗って、竜宮城についたときの描写は、まるで旅館のお出迎えです。

「コリヤ門番衆、日本国から浦島太郎様といふ、お客様をお連れ申した。お取次ぎを頼む。」と云ひますと（中略）大頭《おおあたま》の家来共が、行儀よく出むかへまして、「これはこれは浦島様には、遠路の処をようこそ御入来《ごじゆらい》。亀殿にも御供《おとも》御苦労。サ、ずつとお通り下さりますやうに」と、これから奥へ案内致しました。

乙姫さまは、すっかりお宿の女将《おかみ》です。

「これは浦島様、ようこそお入来《いで》下さいました。昨日は又亀児《かめ》の命をお助け下さいまして、誠に難有う厶《ござ》います。そのお礼と申しましては、甚だ失礼で厶いますが、今日は心ばかりの御馳走を致し度《と》う厶いまして、それでお招ぎ申しました。何は無くとも、何卒《どうぞ》御ゆるりとお遊び下さいまして！」

浦島はこう返します。

「イヤそれはどうも有難い事で。私も龍宮は初度《はじめて》で厶いますから、何を見ても珍しく、こんな面白い事は厶いません。」

このあとに、「やがてお肴《さかな》が出るお酒が出る、歌謡《うた》が始まる、舞踏《おどり》が始まる、それは〳〵賑かなお酒盛になりました。」というもてなしは、まるきり日常的な宴会風景です。

乙姫様の案内による竜宮見物には、『御伽草子』にあった四季見物も、再び登場しています。

「こんな御馳走になりますのは、生れてから初度《はじめて》ですから」、「こんな立派な処へ来たのは、生れてから初度ですから」と繰り返されて、庶民の素朴な驚きと喜びは、強調されます。

「浦島はただ大喜悦《おおよろこび》で、今はもう自家《うち》の事も忘れてしまひ、二三日はうつかり暮らして居りましたが、其中《そのうち》に漸く気が付いて」、帰りたくなれば、「大急ぎで支度をして」、「どうも長々お世話に成りました。もうお暇を致しますよ。」と気楽なものですし、「まあ、貴郎《あなた》可いではムいませんか。もう一日泊まつて居らっしゃいましな」と乙姫様もお愛想を言います。

気の張らない女将とお客の関係ですから、「お土産の印」にと玉手箱を受け取っても、「一体これは何の箱です?」とあけすけに聞きます。これに対する女将の返事も、気を持たせるのが商売のゆえか、「大切《だいじ》な物を入れてある箱」というばかり。「どんな事があつても開けては成りませんよ。開けるとそれこそ大変ですよ。」と、しきりに念は押しますが、要領を得ません。

故郷へ帰って様子が変わっていても、悲劇的というよりも、喜劇的で日常的な会話が展開されます。「それは確に七百年前の人だから、それぢやアお前さんは幽霊だらう」という相手に、「馬鹿を云つちや困ります。これ此の通り生きてます、足もちやんとあるぢやありませんか」と地べたをトントン踏んでみせます。とんでもない目にあってもめげない新しい浦島には、結末も悲劇にはならないのです。この浦島が喜ばれたのに、不思議はありません。

すでに子どものための昔話といえば、「お伽の小父《おじ》さん」と呼ばれた小波なしには語れない時代。小波自身も第二期の国定教科書の編纂に参加しています。余計な修飾や、子ども向きでない部分が彼の「浦島太郎」から削ぎ落とされ、教科書用「浦島太郎」は完成したといってよいでしょう。

こうして伝説の恋人たちは、このときから竜宮城のお客さまと女主人として、日本の津々浦々の小学校の教室で、子どもたちの脳裏に永く刻まれることになったのです。

6　森鷗外の『玉篋両浦嶋』——家父長浦島の誕生

愛よりも仕事

明治三十六年（一九〇三）、森鷗外が市村座の求めに応じて書いた戯曲『玉篋両浦嶋《たまくしげふたりうらしま》』には、浦島子伝説と海幸山幸神話の要素が混ざり合っています。

鷗外の描く太郎は、意気揚々と乙姫に別れを宣言します。作者はこの作品を発表してまもなく、第一師団軍医部長となり、国家の要職に就くのです。

戯曲は二幕構成で、乙姫に別れを告げるのが第一幕。二幕目は帰国した浦島の後日談です。彼は同じ理想を持つ子孫に出会い、乙姫の涙である玉を餞《はなむけ》に贈ります。玉手箱を開けた浦島は白髪にはなりますが、死にません。

第一幕の別れの場面を見てみましょう。

あめかぜしらぬ　このくににて／わらはとともに　くらすをば／おん身はうれしと　おぼさぬか

と乙姫が訴えても、

いやとよ。思はぬ（略）／このとし月の　平　和　に倦み／いまは　事　業　の　したはしく／なりぬるものか、おぼつかな。

と気持は動かず、

さらばわらはが　恩愛の／なさけをあだに　したまひても。

と乙姫が恨むのに

色も香もある　おことを棄て、／ここのみやゐを　たちさらんは、／こころぐるしき　かぎりなれど、／おことは自然、われは人、／おことは物の　おのづから／成　る　をよろこび、われはまた／ことさらに事を為　さ　ん　とすれば／ふたりのこころは　合ひがたし。

と言ってのけます。

浦島子の伝承史のなかで、これはまさしく画期的なセリフです。これまで男が女のもとを去る動機は、両親や故郷の恋しさということでしたが、ここではそんな感傷旅行が彼の目的ではありません。

男にとっては、愛が人生ではないというのです。男は仕事が第一。男は女のためには生きないと、恋愛を否定しています。この太郎は別れに未練があるどころか、乙姫の涙の玉さえ、彼と野心を共有する浦島の子孫との事業の実現のために、惜しげもなく使い捨てられるのです。まさしくこの太郎こそ、明治国家が必要とした男性像でした。

「いわば明治国家のもとでの家父長制度の確立と歩調を合わせ、しかも先取りをした新しい男と女の関係—男女の主従関係がここに認められる。奈良時代には神であった乙女は、ここに男の意を迎えて仕える立場の女に転落させられ」ます（筆者論文「おことは自然、われは人―鷗外・家父長浦島の宣言」『東邦学誌』一九九七年）。

このとき国家は中国への侵略戦争に勝ち、さらなる富国強兵をめざしていたのです。

恋愛を否定する浦島太郎

ひのもとの／武名をなほも　あげんため、／わたつみこえて、　とほつくにへ／わたらんとこそ　おもひ候へ。

武名をあげるとは、海外への侵略戦争による覇権の獲得、太郎に玉を差し出す乙姫は、国家が要請していた銃後の妻。

君と寝ようか百万石取ろか、マイホームパパか猛烈社員かと、時代によって表現は変化しても、男に迫られてきた選択。この浦島はためらいもなく国家を選んで、女を棄てるのです。明治二十三年（一八九〇）、官費留学生として過ごしたドイツから帰国した森鷗外は、国家のために異国の恋人を捨てた男の話を書きます。日本近代文学の出発点といわれる『舞姫』です。

鷗外は、故国と恋人の間で悩む主人公を、明治の浦島として描いているのです（筆者論文「我心は處女に似たり―『舞姫』の〈夜の航海〉」『東邦学誌』一九九〇年）。しかし、こちらの新しい浦島は、はるかに確信犯的です。

「おことは自然、われは人」という男女観は、古めかしい表現にくるまれているものの、きわめて鋭い切り口です。英米のフェミニスト人類学者たちによる『男が文化で、女は自然か？——性差の文化人類学』という論文集が日本で評判になったのは、一九八〇年代末のことでした。

あなたは女だからゆったり自然に生きて、手に入る実りで満足する。でも僕は思い切り自分のやりたいことを果たさなければ、生きている気がしない。もともと男女はそういうふうにできているのだから、どんな男女だって心底わかりあえるはずはないじゃないか、と、この浦島太郎は言い切ります。「あなたが愛を優先し、僕にそれができないのは、あなたが女であり、僕が男だから」という論理です。男女の性差（ジェンダー）の問題に還元してしまえば、誠意のあるなしの問題ではなくなります。乙姫の涙ぐらいで浦島はびくともしないのです。

歴代の浦島太郎のなかで、この太郎はもっとも「男性」的です。乙姫の立場に立てば、これほど自分勝手でわけのわからない浦島もいないのに、この乙姫の従順なこともまた、比類がありません。異郷の女との永遠の愛を描いた『風土記』の世界の完全な否定がここにはあります。

明治国家の帝国主義的体質と一体化した、独善的で傲慢な家父長・浦島太郎。彼にはもはや、伸びやかな神の娘との恋を生きたあの島子の、美しい面影はありません。この浦島太郎こそ、日本近代におけるジェンダー意識の確立をみごとに映し出したものでした。

七世紀の浦島子と、二十世紀初めの浦島太郎との隔たりは、絶望的です。

第四章　浦島絵本のいま

1　子どもたちの読む浦島絵本

子どもたちはいま、どんな浦島さんに出会っているのでしょう。コンピューターの検索によれば、現在浦島絵本は、八十種ほども市販されています。

私の手もとには、この四、五年、本屋さんの店先で見つけた絵本が二十二冊あります。十四冊が日本語、八冊が英語版です。ここでは、日本語の浦島絵本を取り上げます。これらはおなじ浦島絵本とはいえ、それぞれの解釈のもとに、工夫がこらされています。そのため内容やトーンの多様さは驚くばかりです。出版社は絵本を出すたびに、新しい絵と新しい文章を求めているようです。その結果、絵本はすぐれて敏感に、そのときどきの時代を反映することになりました。これは江戸時代の赤本のあり方と同じです。

私の手に入った範囲では、平成七年以降は、てのひらサイズほどの小さくて安価な絵本ばかり出版されています。同じことは、海外でも見られます。アメリカのスーパーの出口近くには、ガムやチョコバーと同じように、一ドル前後で買える絵本が並べられていて、そのなかにグリム童話のダイジェスト版もあります。「白雪姫」が、あらたなキャラクターの加えられたディズニー絵本になっているのは、みなさんもご存じでしょう。

これらのまんが絵本の特徴は、「まんが」「アニメ」「イラスト」「はじめての」という類の言葉が表紙に躍り、作者の名前は消えているか、あっても、構成、企画、文章などが併記されていて、だれが何をどう担当したのか、責任の所在が不明確です。目先だけを変え、何をどのように伝えようかという工夫のまったくない仕事もみられます。

活字文化の終焉が取り沙汰されるなか、出版社がわれもわれもとお手軽なアニメ本へと走る安易な傾向は、とても心配です。テレビの子ども番組が発達して、忙しい親がテレビに子どものお守りをさせ、寝る前のお話や読み聞かせが消えたと言われて久しいのですが、事態は改善されたのでしょうか。

手軽な絵本は、持ち歩けますし、字を覚えたばかりの幼児も自分で読める簡単なものです。こうした絵本の効用を否定するつもりはありませんが、手軽であればよいというものではありません。子どもたちを新しい世界に導き、深い感動を共有できる力を持った作品であってほしいものです。

浦島子伝説は、千数百年ものあいだ語りつがれてきたお話です。前章でみてきたように、それぞれの時代に、そのときどきの人びとの意識を映しながら、話の中身はどんどん移り変わってきました。それとまったく同じ変化が、このたった三十年間の絵本についても見られます。そこには、ここ三十年の日本人の生き方の急激な変化が、あきらかに透けてみえるのです。

新しさと便利さばかりが優先され、生活の基本が揺らいでいるなかで、昨今、子どもたちの世界にとっても心配な異変がおきています。この三十年の浦島絵本の移り変わりをみつめることは、私たちの来し方行く末を考える、一つの手がかりになるはずです。

2　昭和四十年代の浦島絵本

表1は三十年にわたる十四冊の絵本作品を年代順に並べ、アルファベット記号をつけたものです。表2には絵本の展開に沿っていくつかの点を比較してみました。

まずA～C（松谷みよ子、大川悦生、時田史郎の作品）までを読んでいき、どんな特徴、問題点があるかみていきましょう。幼児向きの絵本ですから、本文はどれもひらがなの多い、分かち書きで書かれています。

A　『うらしまたろう』　**松谷みよ子**　偕成社　昭和四二年（一九六七）
B　『うらしまたろう』　**大川悦生**　ポプラ社　昭和四三年（一九六八）
C　『うらしまたろう』　**時田史郎**　福音館書店　昭和四七年（一九七二）

基調は民話　A、Bの語りは特定の地域の方言でもなく共通語でもない、奇妙な文体です。市原悦子の出演で長く親しまれたテレビアニメ『まんが日本昔ばなし』（毎日放送）の語りのスタイルもこれです。

随所に「……おった」、「たまげた」、「おらの村」など、一般的に田舎言葉と考えられている庶民的口語表現がとりとめなく、ちりばめられています。この文体は、かなり長い間、根づいていましたが、後にみるように、主人公のキャラクターの変化もあって、九〇年代には、ほぼ共通語に変わります。

浦島絵本では、松谷みよ子がこの文体を使いはじめました。浦島子伝説を庶民の側のものとしてとらえたことと、この文体の工夫とは深い関係がありそうです。「浦島説話の生まれた古代は奴隷制の社会でした。人びとはその苦しみ、悩みのなかから、しあわせな、年をとることのない安楽国を夢見ました」と、松谷はあとがきに書いています。

しかし、第一章で見てきたように、この伝説は奴隷の側からではなく、貴族社会のなかで生まれたものでした。時代が下るにしたがって、いつしか庶民の夢を映す民話として作り替えられてきたのです。松谷が『丹後国風土記』を知らなかったとは考えられません。松谷の作品の亀は『風土記』と同じ五色です。松谷は、「各地に残された浦島説話をもとにして、この話をまとめました」と述べています。そのため、亀いじめが入り、浦島と娘との結婚は消されたのです。亀いじめの伝承は福井、佐賀、島根、鳥取、石川、富山県など、各地にひろがっていたことが、日本全国の民話、昔話を集めた関敬吾の『日本昔話大成』で確認できます。

実はこの絵本の一年前、『むかしむかし』（童心社）というお話の本で、与田準一が「うらしま」を書いています。娘からの愛の告白こそありませんが、五色の美しい亀が美女に変身、竜宮へ連れていって結婚するという『風土記』の型は守られ、美しく素直な共通語の語りになっています。「絵本」の世界では消

表1　現代日本の浦島絵本

	題名	文・絵	発行元	発行年
A	『うらしまたろう』	松谷みよ子・岩崎ちひろ	偕成社	昭和42年（1967）
B	『うらしまたろう』	大川悦生・村上幸一	ポプラ社	昭和43年（1968）
C	『うらしまたろう』	時田史郎・秋野不矩	福音館書店	昭和47年（1972）
D	『うらしまたろう』	岩崎京子・南本樹	フレーベル館	昭和59年（1984）
E	まんが日本昔ばなし『浦島太郎』	—	講談社	昭和60年（1985）
F	『うらしまたろう』	川崎洋・湯村輝彦	ミキハウス	平成元年（1989）
G	『うらしまたろう』	西本鶏介・高橋信也	ポプラ社	平成3年（1991）
H	『うらしまたろう』	早野美智代・有賀忍	小学館	平成6年（1994）
I	『うらしまたろう』	間所ひさこ・野村たかあき	講談社	平成7年（1995）
J	日本昔ばなしアニメ絵本『うらしまたろう』	柿沼美浩・中島ゆう子	永岡書店	平成9年（1997）
K	世界名作ファンタジー『うらしまたろう』	平田昭吾・高田由美子	ポプラ社	平成10年（1998）
L	『うらしまたろう』	あらかわしずえ（絵）	学研	平成10年（1998）
M	まんが日本昔ばなし『うらしまたろう』	—	講談社	平成11年（1999）
N	『うらしまたろう』	あらかわしずえ（絵）	くもん出版	平成12年（2000）

表2　浦島絵本のストーリー　（　）は明記はされていないが，そう読めるもの

乙姫と太郎の海上での出会い	
a　ある	B　C　J
b　ない	A　D　E　F　G　H　I　K　L　M　N
太郎が助けた亀の正体	
a　姫	A　C　J
b　姫ではない	B　D　E　F　G　H　I　K　L　M　N
二人の関係	
a　結婚する	C
b　結婚しない	A　B　D　E　F　G　H　I　J　K　L　M　N
太郎を招いた人	
a　姫	D　（E）　F　G　H　I（J　K　L　M　N　）
b　姫の父（竜王，竜神）	A　B　C
太郎の家族	
a　母だけ	A　E　G　J　K　L　M
b　両親	C　F
c　いない	B　D　H　I（N）

されて久しい「恋愛」が、語り聞かせのための「お話の本」では生き残っているのです。

松谷は『むかしむかし』の共同執筆者でもありますが、与田の「うらしま」作品とは異なる独自の立場から、「貧しい、働く人びと」の夢として仙境があったのだという見方を、『むかしむかし』の解説でも強調しています。

貧乏でもいい　このA、B、C三つの作品の第一の共通点は、浦島太郎が働き者の漁師だということです。この側面の描写にもっとも力がこめられているのは、Bの大川作品（昭和四十三年）です。健康で、しかも勤勉な若者であっても、生活の現実の厳しさがまず語られるという導入になっています。磯の匂いのする潮に焼けた肌の働き者の若者。粗末な小屋に住み、海が荒れれば、朝晩の食べ物にも困るのです。

昭和四十年代の初めといえば、食べ物に不自由した時代の記憶もまだ新しく、漁ができなかったら、朝晩の食べ物にも困るという主人公を、だれもがまだ身近に感じられた時代でした。所得倍増計画が唱えられ、国民は勤勉でした。労働運動にも力があり、労働によって喜びがもたらされると、人びとは素朴に信じていました。太郎は、一日がかりでやっと手に入れた雑魚を子どもにやって、亀を助けたのですから、たいへんな美談です。

竜宮城を訪れ、夢のような歓待を受けながら、浦島太郎が帰りたくなるとすれば、その動機はどう語られているのでしょう。

松谷作品では、太郎が思い出したのは、村で釣りをしている自分の姿、年老いた母、村の人たちが網を引いている姿。つまり、労働がなつかしいということでした。

大川作品ではこの側面がもっと強調されます。太郎の記憶には家族の姿さえなく、草葺の小屋、小さな舟、舟を漕ぎ、網を引く村の人の姿が現れます。するとこの太郎には、レジャーランドにいることが苦痛になるのです。

「たべきれない　ごちそうも、まいひめたちの　まいも、ちっとも　たのしく　なくなった」のは、そのまま、あの国定国語教科書の「ゴチソウモ毎日タベルト、シマヒニハイヤニナリマス。オモシロイアソビモ毎日見ルト、シマヒニハアキテキマス」という表現に重なるものです。

ここではさらにもう一押し、「そうだ、びんぼうでも　いい、にんげんの　せかいへ　かえろう」という言葉まで飛び出します。作者もさすがにすこし照れ臭かったのか、「物語のかくされた意味」と題したあとがきで、この話は単純でひだが乏しい、「夢の世界を語っているくせに、ひどくきまじめである」と書きつけています。

「貧乏でもいい」とは、当時は現実であったにしても、現代っ子なら仰天するようなセリフですが、それだけにかえって今では、大きなインパクトが感じられます。

Cの時田作品では、太郎は年老いた両親を養っています。彼は粉雪が舞い、北風が吹き荒れる故郷の冬の海を見て、両親を思い出します。厳しい生活の現実を思って帰るというのですから、これも他の二作品と同じ姿勢でしょう。

浦島太郎の結婚

☆ 二人の関係

a 結婚する C

b 結婚しない A B D E F G H I J K L M N

十四冊の絵本のなかで、二人が夫婦であったり恋人であったりするのは、ただ一つ、Cの時田史郎の作品だけです。C以外の他の作品では、浦島太郎は竜宮で接待されるお客でしかありません（英語版の八冊の浦島絵本の中では、女と浦島が男女として関わるのが三作品。関わらない五作品のうち二作品は日本昔話の翻訳本ですから、厳密には半々の割合です）。

第一章で見てきたように、本来、こちらが正統派なのです。奈良時代以来、ニュアンスの違いがあるとはいえ、浦島子伝説は恋愛が命でした。恋する二人は自分たちの意志によって結ばれたのです。

しかし、現代日本の絵本でただ一つ見られる乙姫と太郎の結婚は、当人同士の意志ではありません。時田の作品では、父王が娘との結婚を命じます。竜宮の主である父の庇護のもとに、娘の乙姫は暮らしていました。太郎に、もうお前は竜王の子になったのだと告げて、婿入りの段取りをするのは父なのです。

竜宮に太郎を招く決定をしたのは、ABCともこの父です。彼は竜王（A、C）、または竜神（B）と呼ばれています。太郎の招待者が父王であることはいずれも物語の第三段落、父王の登場は第四段落で語られます。

あらためて、乙姫と太郎との関わり方をみてみましょう。

現代の絵本のなかで、乙姫が海上の太郎の目の前に突然現れるという、『風土記』の型を踏んでいるのは、B、C、それにJだけです。

Aの松谷作品の乙姫は、太郎に命を助けられた五色の亀です。彼を迎えにきたのは、別の大きな亀。太郎は美しい姫の姿に竜宮で始めて接し、歓待を受けます。Bの大川作品では、晩御飯の心配をしながら帰りかけた太郎を、大きな海亀とともに現れた美しい乙姫が呼び止め、二人で亀の背に乗って竜宮に向かいます。

さて、Cの時田作品では、翌日、釣り糸の先に手応えがあり、美しい娘が大きな亀を従えて不思議な光のなかから現れます。

「だれだ、おまえは」というのが、びっくりした太郎の言葉です。いくら突然とはいえ、出会いの場で美しい異性にかける言葉なのに、あまりに乱暴で艶消しです。警官の尋問のようなものの言い方は、あの『日本書紀』のイザナギと同じです。

いくら驚いたからといって、用さえ足りればいいというのでは、あんまりです。まして子どもに繰り返して読み聞かせる絵本です。日常的に互いにお前と呼びあう男同士であればまだしも、男女のあいだです。言葉にもっと神経を使ってほしいと思います。

亀の正体

☆　太郎が助けた亀の正体

a　姫　　　　　　A　C　J

b　姫ではない　　B　D　E　F　G　H　I　K　L　M　N

しかし、もっとひどいのは、いじめられていた五色の亀が乙姫だという設定です。

この設定はAの松谷とCの時田の作品（Jの柿沼美浩作品（平成九年）も亀と姫は同一）だけで、ほかの全作品では亀と乙姫とは別になっています。

浦島子伝説の変貌、歪曲のなかでも、これこそは神の娘であった五色の亀に対する最大の冒瀆です。風と雲を呼び、蒼い空と海を自在に駆けた神の娘、まばゆいばかりの美しい亀が、子どもにさえいじめられる、惨めな存在に貶《おとし》められてしまったのですから。

さて、Cの時田作品では、太郎の歓迎の宴は婿入りの宴になります。絵の作家は秋野不矩。大きな竜王が、二人の中央に家長然として座っています。これこそ奥ゆかしく、お行儀のよい夫婦ということになるのでしょうか。この絵本では全ページ、玉手箱を開けて驚く白髪の太郎以外はすべて、横顔かうしろ姿ばかりが描かれているのが印象的です。

乙姫と太郎の二人に夫婦の会話といえるものはなく、つねにどちらかの言葉だけが発せられて終わります。乙姫からは、挨拶や、案内が丁寧語でなされます。太郎はといえば、あの「だれだ、おまえは」以後は無言のままです（そういえば、「男は黙って○○ビール」というコマーシャルが流行ったのも、この昭和四十年代でした)。

乙姫への太郎の二度目の言葉はなんと、「ずいぶん　たのしく　くらしたが、わたしは　じぶんのさとへ　もどろうとおもう」という別れの言葉です。夫婦の会話はすっかり消えています。

しかし、さすが高貴な乙姫。悲しみも怒りもみせず、しとやかにひざまづいて太郎に玉手箱を渡しています。肝心の太郎はといえば、腕組みをして乙姫には体を半ば背けている奇妙な図柄。女が機嫌を損ねた相手に、貢物をして許しを求めているかたちです。

よほど強い男尊女卑思想に凝り固まっていなければ、こんな関係も構図も不自然です。太郎の親でもあるはずの竜王もただ「いっしょうけんめいに　ひきとめた」だけ。玉手箱を開けて驚く太郎の表情だけは見違えるようにリアルで現代的なのが、皮肉です。

3　昭和末期から平成の浦島絵本

昭和の終わりから平成へ向けて、浦島絵本がどのように変わっていったかを、DからJまでの作品をたどって見ていくことにしましょう。

D　『うらしまたろう』　岩崎京子　フレーベル館　昭和五十九年(一九八四)

昭和末期(一九八〇年代)のこの作品には、前の三つの作品にはない、のんびりした雰囲気があります。

海はしけていますが、たちまち生活に困るような貧しさの影は太郎にありません。小さな亀を助けるために魚と亀を交換したつぎの日も、海は荒れますが、もうひきあげようかと考えていても、七〇年代の太郎のように、夕食の心配はしていません。

助けた亀の親亀が現れて、竜宮に案内するというのにも、「どうぞと　いわれても、おら、もぐれん。」と返します。行ってもいいけれど、どちらでもという、せっぱつまっていない日常感覚の入りこんだおかしさは、柳亭種彦や、巖谷小波の作品の持っていた軽みに通じます。

父王の消えた竜宮の世界では、乙姫様の言動もはっきりしていて、伸びやかです。バブル期の好況を反映し、世はあげてグルメ時代に突入していました。竜宮の御馳走も、すっかり一流の料亭並みです。

冬景色を見た太郎が故郷への思いに駆られるのは、Bの大川作品を踏襲しています。が、ここではその景色が、たまたま太郎の故郷のものだったからという、自然な展開になっています。働きたくなったのでもなく、会いたい人がいるのでもない、単純に、急に家へ帰りたくなっただけのようです。この太郎にとっては、竜宮城での生活も、ちょっと贅沢な旅行先という程度です。

E　まんが日本昔ばなし『浦島太郎』　講談社　昭和六十年（一九八五）

帰りたくなった太郎の気持ちを察した乙姫様の心遣いと、太郎の複雑な思いは、『風土記』の恋人たちを思い出させます。貧しい暮らしとはいえ、魚がつれなくても気にせず、のんびり糸を垂れる太郎は、現代版浦島のなかでは、珍しく高踏的な釣り人といってよいでしょう。

夢見ることを忘れない、心優しい若者というキャラクター。風流男の再来です。魚になってみたいと思ったり、カモメになってみたいと思ったり。魚や鳥に成り変われるほど、自然に溶け込める彼の気質は、偉大な釣り人荘子にも通じているでしょう。

結末の、あの海の世界が夢なのか、この世界が夢なのかという太郎の感慨も、荘子の『胡蝶の夢』の童話版です。こなれた言葉遣いですが、中身はよく練られています。竜宮での歓待を描くにも「したも　とろけるような　すばらしい　ごちそう」や「美しい　おとひめさまとの　たわむれ……。」を、「すべてがゆめの　ようでした」という一言でひとまとめにしてくるんでいます。

Mの『まんが日本昔ばなし　うらしまたろう』（講談社　平成十一年（一九九九））は、この作品の焼き直しです。太郎の言葉はほとんど共通語に直されました。「はあ。きれいなとこだあ。」は、「はあ、なんてきれいなんだ。」という具合に。

しかし、魚やカモメになってみたいと夢見る太郎はいなくなり、竜宮での暮らしも、「さかなたちのたのしい　おどりや　おいしい　ごちそう。そして、うつくしい　おとひめさま。」という、個性のない表現になっています。すっかり子ども向きに直されて、味が薄められてしまったのは、残念です。

F　『うらしまたろう』　川崎洋　ミキハウス　平成元年（一九八九）

この『うらしまたろう』は、もっとも醜悪な出版物の一つです。バブル期の日本でなければ、ありえない代物です。

絵の下品なことは、お話になりません。竜宮城での宴会の絵は、アメリカ映画の『ライジング・サン』（原作はジュラシック・パークの作者クライトン）の冒頭シーンで皮肉たっぷりに描かれた日本企業の豪勢な接待風景そのもの。半裸の人魚はいうに及ばず、皿の上のレタスにくるまれた子豚まで、御色気たっぷりです。

本体価格一八〇〇円と、他の絵本が三百円代から千円までの価格帯に抑えられているなか、値段も突出していますが、言葉のノリのよさが勝ったか、高い買い物が好まれた狂った時代ゆえか、それでも平成六（一九九四）年になんと第三刷がでています。

乙姫と舞姫たち、遊びと宴会だけで成り立っている竜宮城であれば、ハーレムへの連想に直結するのは、不思議でもなんでもありません。しかし、いったいだれのための、何を伝えたい絵本なのでしょう。言葉の語呂合わせだけで、こんな絵本を詩人が作ってしまっていいものでしょうか。

G『うらしまたろう』　西本鶏介　ポプラ社　平成三年（一九九一）

この浦島は子どもたちから亀を買い取りますが、町に亀を売りに行こうという子どものたくましさは、新鮮に感じられます。

第三段落。子ども向きの絵本なのに、若い主人公は、乙姫のあまりの美しさに声が出なくなったり、酒のうまさに目をつむり、女たちの舞いをうっとりと眺めたりしています。こんな描写ばかりでは、幼い子どもたちが主人公に共感したり、同化できるでしょうか。男性である作者の願望や好みが、あまりにも前面に出すぎています。

乙姫様と太郎との会話は、かなりちぐはぐです。乙姫の「いつまでも　あなたと　いっしょに　くらしていたかったのに」とか、箱を「わたしだと　おもって　いつまでも　たいせつに」というのは、絵本には珍しくこの上ない愛の言葉なのに、「おとひめさまの　しんせつは　いっしょう　わすれません」などと、脳天気に「よろこんで　たまてばこを　もら」ったりするのですから。

「おかあさんの　ことを　おもいだし」、急に家が恋しくなって戻らなくては、というこのマザコン青年は、帰郷してお母さんを訊ねてまわります。彼はまだ恋愛年齢には達していなかったようです。

玉手箱を抱えて海を眺めても、亀は二度と現れなかったので、悲しくなって約束を破ったという展開は、太郎のどこかずれた、おかしみのある性格に一貫性があって、それなりに納得できる結末になっています。

H　『うらしまたろう』　早野美智代　小学館　平成六年（一九九四）

I　『うらしまたろう』　間所ひさこ　講談社　平成七年（一九九五）

どちらも、女性作家による、九〇年代半ばの良くできた作品です。

Hの早野作品は自然な文章で、無駄がなく、とてもシンプルにできています。絵もすっきりしています。言葉のリズムもよく、幼児向けとして、余計なものがくっついていません。読み手も、聞き手も疲れない、厭味のない本です。

「わたくしが、このりゅうぐうの　あるじ、おとひめです。」と、初めて竜宮のあるじとして登場するのが、Iの間所ひさこの乙姫です。乙姫は尊敬すべき女性としてきちんと描かれています。千年あまりの月日を経て、神の娘の復権をここに見る思いさえします。

文章も折り目正しい美しい日本語で書かれています。太郎の言葉にも神経が行き届いています。絵本の文章は、ぜひこうであってほしいと思います。運びに無駄がなく、絵も独特の味わいがある、品のよい絵本です。これで四〇〇円なのですから、絵本は選んで買わなければと、思わせられます。

この二つの絵本の気持ちのよさは、姿勢のよさです。作りのよい本とは、物語のエッセンスを大切にして、少なくとも、余計なもので飾り立てたり、悪ふざけしない本のことをいうのでしょう。その結果、この二冊は、驚くほど物語の線が太い本になっています。

J　日本昔ばなしアニメ絵本『うらしまたろう』　柿沼美浩　永岡書店　平成九年（一九九七）

日本昔ばなしアニメ絵本シリーズ本として出た、十五センチ角ほどの絵本で、共通語の読みやすい文章です。この絵本は、アニメ絵本には珍しくていねいに作られています。

冒頭で太郎は「おかあさんとくらしていました」とあり、父親がいないという設定です。これは、若者の健気さと生活の貧しさを引き出すために必要だったのでしょう。

第二段落。亀を助けるのに、子どもの方から、助けたいのなら金を出せと言うのは、初めてです。平成六年（一九九四）、テレビ番組『家なき子』の子役（安達祐実）のセリフ「同情するならカネをくれ」というのが流行語大賞をとりました。子ども絵本の世界に世相がくっきりと映し出されているのに、ぎょっとさせられます。

大きな亀が迎えにきて太郎を竜宮へ連れていくと、乙姫がいて、美しい姫が昨日の亀だったとわかる筋も、ごたごたせずに、すっきりと運ばれています。しかし、お母さんが待っているというと、城の者が世話をするといいながら、その後の展開にその関係が生きていないのは、難点です。

竜王が四半世紀ぶりに、絵本に姿を見せました。けれども「りゅうおうも、たろうに　おれいを　いいます」と書かれるばかり。前面に出て太郎を導くのは、いつも乙姫です。絵にも、乙姫は太郎よりも、ずっと背も高く大きく描かれています。

トランプのキングのような竜王は、別れの場面に、もう一度出てきます。「たろうは　おとひめと　りゅうおうに　おれいをいうと」と、乙姫が先。ここでも竜王は後ろに控えている形です。

「おかあさんは　わたしの　かえりをまっている。もうかえらなければ」という言葉が、いかにもリアルに感じられるのは、その数一千万人といわれるパラサイト・シングルの若者が、いたるところに蔓延している、母性神話の国日本なればこそでしょう。


さて、すでに触れたMの作品を除いた平成十年以後のものについては、あまりにお手軽な作りで作品としては扱えず、紹介は省略します。もっとも、Lは、仕掛け絵本です。こうした絵本も、もっと工夫がされて、欧米並みの水準に達することを期待します。

活字文化の危機が叫ばれている現在、新たな読書人口が育つためには、子どもを対象にした良書の出版が急務です。この問題に、私たちがもっと真剣な関心を寄せ、使い捨てされるような出版物を、せめて児童書の分野には流通させない決意をしたいものです。

4　浦島絵本に映し出される家族の変化

母と息子のセット

ここであらためて、この三十年余の浦島絵本の家族構成の移り変わりを確かめておきましょう。

☆　太郎の家族

a　母だけ　　A　E　G　J　K　L　M

b　両親　　C　F

c　いない　　B　D　H　I（N）

太郎の家族が出てこない作品は、B大川、D岩崎、H早野、I間所の作品です（全体の作りがすべて省略形のNを除く）。太郎を家族と切り離しているので、ごちゃごちゃした感じがなくなって、すっきりしています。

Jの柿沼作品（平成九年）以降は「太郎の母だけが登場する」、母と息子のセットが勢ぞろいしているのは、日本社会全体が成熟しそびれたツケがまわっているのでしょう。「男は仕事、女は家庭」の役割分業の固定化によって、父不在の「母子」家庭の生活スタイルが定着していることを象徴しているようです。

登場する父　消える父

☆浦島を招いた人

a　姫　　　　D　(E)　F　G　H　I　(J　K　L　M　N)

b　姫の父王　A　B　C

最後に浦島絵本の登場人物の一人である、乙姫の父の存在について、考えてみることにしましょう。

奈良時代の浦島子伝説で、父親が大きな役割を果たすものは、ありません。『日本書紀』には、島子と亀姫しか登場しません。『風土記』と『万葉集』には、娘の両親とも登場しますが、前面に出てものを言うことなく、娘の背景にとどまっています。浦島子伝説では娘の父はいつも母とともに登場していました。これに対してもう一つの海の神話、海幸山幸神話には、父だけが登場し、母の影はありません。

平安時代の浦島子伝説では、『古事談』、『群書類従』とも、『風土記』と同じかたちで娘の両親が登場します。その後、室町時代の『御伽草子』で娘の両親の姿が消えます。

江戸時代の赤本『むかしばなし浦島ぢ、い』には、久々に娘の父が登場します。「竜王の乙の姫」「竜王の主の乙の姫」が、浦島をもてなすよう、父王に言いつかったと述べます。

明治の巖谷小波『日本昔噺　浦島太郎』になりますと、竜王は消え、竜宮城のあるじは乙姫様になります。浦島が竜宮城に入っていくと、「そこには主《あるじ》の乙姫様が」いたと説明されています。

これが戦後になると、竜宮城には竜王がいて、乙姫の父親として活躍します（A～C）。ちょうど昭和四十年代（一九六〇―七〇年代）の作品です。Aの松谷は、各地に残された浦島説話をもとに書いたと記していますが、どうやら戦後の浦島子伝説の再話にあたって、乙姫の父親だけが浮上してきたようです。ところが昭和五十年代後半（一九八〇年代）に入ると、乙姫の父の姿は浦島絵本にはすでに跡形もなく消え去ってしまいます。平成に入ると竜王はいなくなり、乙姫様は家長から独立した存在となります。これは日本の現実の家庭での、父親の存在の盛衰と正確に照応しています。

時代の変化と父の復活

ところで、私たちの家庭にテレビが入ってきたのは、昭和三十年代の後半でした。このころ、ホームドラマの主役は父親でした。

人気番組のアメリカのホームドラマを私も毎週、見ていました。日本語のタイトルは『パパは何でも知っている』。登場するのは、私たちと同じ核家族で、アメリカのティーンエイジャーとその両親でした。これをモデルに、日本版のホームドラマとしては、『七人の孫』や『ただいま十一人』が登場しました。こちらのドラマの家族は、すでに都市部では稀になった大家族でした。そこには偉い家父長がいて、家族のごたごたに片をつけるのです。

主演の山村聡が演じたのは、無口で憂鬱そうな、もったいぶった父親。目の前の、ちっとも偉そうにしない温かい父とのギャップを、私はとても不思議に思ったものでした。いま思えば、あのころ何の抵抗もなく、アメリカのホームドラマの若い父親にすんなりと重なった私の父は、日本では、よほど例外的な男性だったのです。

松谷みよ子の絵本の出た昭和四十二年（一九六七）といえば、また、大学紛争の火の手があがるほんの少し前です。私も大学院生でした。学生たちは大学が権力の牙城でもあることを見抜き、学園封鎖など実力を行使しながら、学問と大学のあり方を根本的に問いかけました。ユング流にいえば、これは家庭内で父との対話を奪われて育った若者たちの父親殺しでもあったのでしょう。

経済の高度成長政策のなかで父親は仕事に忙しく、この時期を最後に、家庭での影は薄くなっていきます。モーレツ社員であることを要求されたサラリーマンは、仕事が終わってもまっすぐに家族のもとに帰れませんでした。子どもたちの絵本のなかにお父さんが出てこなくなります。家庭に取り残された母親と子どもとの結びつきは強まり、教育ママとマザコン息子のセットが生まれはじめていました。

平成九年（一九九七）、Ｊの柿沼作品に乙姫の父、竜王が四半世紀ぶりに姿を見せました。わずかに父親が復活したのは、平成不況といわれる昨今になって、父がようやく家庭に回帰しはじめたのを反映しているのでしょう。

お気づきでしょうか。すでに見たように、この父親は昭和四十年代の作品の父親とは、すっかり別の存在です。家庭に回帰しはじめた父親が自分の場を見いだすのには、まだまだ時間がかかりそうです。

第五章　短大生の浦島子伝説
――一九九五～二〇〇〇年の浦島太郎と乙姫

最終章では、私の勤務する短期大学の学生たちが創作した新浦島子伝説を紹介します。

ここ数年、私は一般教養科目で本書の内容を講義したあとで、「自分だけの浦島物語を創作して絵本を作ること」を課題にしてきました。

学生たちの年齢は十八歳から二十歳まで。共学ですが、いまや圧倒的に女子学生の数が多くなっています。この男女比率も作用して、男子学生は年々、自然体になり、性（ジェンダー）意識もボーダーレス化しています。受講生は百名を越すこともあるのに、学生たちは『万葉集』の長歌の暗記をこなしたり、絵本作りでは徹夜もしたというほど、熱心に参加してくれました。

若者たちが浦島絵本を作ることで直面したのは、男とは何か、女とは何かという問いかけであり、自分の恋愛観をみつめることだったようです。いずれの作品にも、現代の影が色濃く落ちています。

1　等身大の浦島

物語の元祖である『風土記』や『万葉集』の主人公浦島子は独身の若い男と読めますが、地方に伝わる昔話の浦島は、母親と暮らす四十代の男だったりします。いったいこの伝説の主人公は何歳だったのでしょう。また、どういう家族を持った人だったのでしょうか。

教室の学生たちが描き出す浦島太郎の大半は、彼らと同じぐらいの年頃です。まずは、等身大の浦島の日記を読んでみましょう。なお、以下のタイトルはすべて筆者によるものです。

絵日記　浦の島子　武智美佳　一九九五年

今日から絵日記を書くぞ。まず自己紹介をしておこう。ぼくは浦の島子。お母さんと二人暮らしさ。魚をとってお母さんも養ってるんだ。かっこよくて、心は優しいんだ。自分で言うのもなんだけど（笑）。ああ、いいことはないかなあ。

今日は海へ出ても、全然魚がとれなかったが、五色の亀が取れた。舟の中に放っておいたら、娘になったんだ。びっくりしたよ。ぼくに会うために亀になって来たらしい。とてもきれいで、天上から来たと言うんだ。ぼくも一緒に天上に行こうと言うけど、どうしようかな。どきどきするよ。

娘が「ずっと一緒にいたい」と言うんだ。もちろんぼくもそう思っていたから、即ＯＫさ。そうしたら娘は、天上の世界へ連れていってくれた。そこは、見たこともない世界だった。娘は亀比売《ひめ》と呼ばれていた。ぼくも亀比売の夫と呼ばれて、ちょっとはずかしいなあ。

今日は娘の父・母と話をした。娘の父・母はぼくを歓迎してくれた。そして人の世とこよとの別れの話をし、人と神が会えたことを喜び合った。

今日は兄弟姉妹たちと杯をとりかわした。それにしても、ここはとてもよい香りがするし、食べ物の味もすばらしい。人間の世界とは比べ物にならないなあ。

今日は……ついに娘とHしてしまった。夫婦なんだからあたりまえか？　あーよかった。

日記を書くのはひさしぶりだな。もう三年くらい書いてないのだろう。早いものだ。

それにしても、このごろお母さんのことが気になる。元気にしているだろうか……。ああ一度会いたいなあ。でもこんなこと娘には言えないし、どうしたらよいものか。

今日、ついに娘に「もとの世界へ一度帰りたい」と言った。娘は泣いて悲しんだけど、承知してくれた。わがままを言って悪かったなあ。必ず戻ってこよう。

ついに、もとの世界へ帰る日になった。娘も、両親も親族も見送ってくれた。女娘はぼくに玉手箱を授けてくれた。娘が言うには、「永遠に私を忘れず、また帰ってくると誓うなら、これをもって絶対に開けないで」と。開けていけないものを渡すなんて、どういうことだろう？

舟に乗って眠ってしまったのか、起きると、郷に着いていた。なのに、人も物も変わってしまって、なにがなんだかよくわからない。郷人に家を尋ねると、もう三百年も前の話であるという。一体どうなっているのだろうか。

誰か知っている人はいないかと郷を回ったのに知ってる人はいない。十日もこうしている。ああ娘に会いたいなあ。そうだ、娘にもらった玉手箱を開けてみよう。

玉手箱を開けたら、何かが飛んでいった。娘かも。ああ、約束を破ってしまった。もう娘に会えないのだろうか。

これからどうしたらいいのだろう……。もう日記を書く気がしないよ。おわり。

ほんものの絵日記帳を使った作品。もっともご当人は文房具屋さんに行って「絵日記帳を下さい」というのが、少し恥ずかしかったとか。「Hした」日の絵は、大文字の白抜きのアルファベットのHですが、これが象形文字でもないのにベッドの中の二人のすがたをイメージさせる面白い効果をあげています。

この島子は、開けようとして玉手箱を開けているのです。故郷の様子が変わっているので、女との約束を忘れて、箱をあけたらどうにかなるんじゃないだろうか、と単純に考えたのは、『万葉集』の系統です。子どもっぽいこの島子には、こちらのほうが自然で、似合っています。

けれど結末は、たちまち爺になって死んでしまう『万葉集』の残酷な結末ではなく、芳しい香りのする姿があっというまに風雲にのって天に飛び去ったという、『風土記』のロマンチックな結末を踏襲しているのです。

うらしまたろうちゃん　鈴木亜衣子　一九九五年

むかしむかしあるところに、うらしまたろうちゃんがいました。

たろうちゃんはママとふたりぐらしで、たろうちゃんがつってきたおさかなが、その日のごちそうなのでした。

あるひ、三にんのわるガキたちがカメさんをいじめています。

たろうちゃんは、「カメさんをいじめるのはおやめなさい。」といいました。

「だいじょうぶかい。けがはなかったかい。」とたろうちゃんはいいました。

「ありがとうございます。」とカメさんはいって、うみのなかにはいってかえっていきました。

つぎのひ、たろうちゃんははまべをあるいていると、きのうのカメさんがいました。カメさんはたろうちゃんに、

「きのうはありがとうございました。おれいにりゅうぐうじょうにしょうたいします。おとひめさまもおまちしてますよ。」たろうちゃんはわくわくしました。

「どうぞ　わたしのせなかにのってください。」

たろうちゃんはカメさんのせなかにのりました。くらーいくらーいうみのなかを、どんどんおよいでいきました。

りゅうぐうじょうにつくと、おとひめさまがかんげいしてくれました。

「あなたがカメさんをたすけてくれたのね。ゆっくりしていってね。」

とおとひめさまはいいました。

たろうちゃんはあまりのうつくしさに、ひとめぼれしてしまいました。

「どうぞめしあがれ。」たろうちゃんのめのまえには、みたことのないごちそうばっかり。たろうちゃんはときのたつのをわすれてしまうほど、たのしいときをすごしたのです。


あるひ、たろうちゃんは、きゅうにおかあさんのことがしんぱいになったのです。おとひめさまに、「ママがこいしくなってきたのです。どうかかえらせてください。」たろうちゃんはいいました。

「さみしいけど……しかたないわ。またあいにきてくれるってやくそくするなら、このたまてばこをあげるわ。でも、ぜったいにあけないでね。」とおとひめさまはたろうちゃんに、はこをわたしました。

たろうちゃんは、おみやげにたまてばこをもらいました。

たろうちゃんがもどってみると、まるでべつせかいだったのです。

「なんではだかのひとたちがいっぱいいるのだろう。」たろうちゃんはおもいました。

たろうちゃんはとおりがかりのひとに、

「このあたりでうらしまというひとのいえをさがしているのですが……。」ときくと、

「なあにそれ。三〇〇ねんくらいまえのはなしじゃない。むかしばなしであったわよ。つりにいったきりもどってこなかったって。」

たろうちゃんはショックでした。

ショックのあまりたろうちゃんは、おとひめさまとのやくそくもわすれて、とうとうたまてばこをあけてしまいました。するとたろうちゃんは、おじいちゃんになってしまいました。

そのはこは、じかんをとじこめておくはこだったのです。

たろうちゃんは
とおりがかりのひとに、
「このあたりで、うらしま
というひとのいえをさがして
いるのですが……」。
ときくと、
「なあにそれ。300ねんくらい
まえのはなしじゃない。
むかしばなしであったわよ。
つりにいったきりもどって
こなかったって。」
たろうちゃんはショックでした。

このたろうちゃんは、マザコンというよりは、まだマザーズ・ボーイといわれる年頃。お母さんっ子だけど、単に親孝行なよい子といってよいでしょう。からりとして明るい、現代的な色調の絵本。語り口も平明で、ドライ。

玉手箱をあけて、「おいおい」と驚いているたろうじいさんの顔も、まるで「ばあさんお茶」と言っているおじいさんのようです。

とはいえ、絵本のたろうちゃんは、実は幼い男の子のからだではありません。足はスラリと長く、茶髪でスッキリとしたナイスガイです。イガグリ頭のわるガキと比べれば、その差は一目瞭然。何と乙姫様のおしゃくでお酒やビールまで飲んでいます。

しかし、そのたろうちゃんも現代女性の前では、ひとたまりもありません。なにしろビキニ姿の彼女の足は、彼の首まであるのですから。

いたずら太郎の再教育　高岸愛　一九九六年

昔昔ある村に浦島太郎という男が住んでいました。小さい頃からいたずら好きで悪さばかりしている太郎は、ある日釣りに出かけたが何も釣れず、船の上で寝てしまいました。

「太郎さん」と呼ぶ声で目を覚ますと大きな亀が「久しぶり」と言いました。

驚いた太郎はこれは夢だと思いましたが、亀は「私の国へ行きましょう」と言いました。

太郎は亀についていくことにしました。

海の中には、大きな竜宮城が建っています。

中に入ると乙姫様が「掃除をしなさい、洗濯をしなさい」と太郎に用事をいいつけます。

クタクタになった太郎は帰ろうとしたが、「これを観てからでも遅くないでしょ」と乙姫様はビデオをセットしました。

そこには小さな亀をいじめる一人の男の子が映っています。太郎は驚きました。その男の子は子供の頃の太郎だったのです。しかも小さな亀は海の上で会ったあの亀だったのです。

太郎は今までしてきたいたずらや悪さを思い出し、自分のしたことを反省しました。

「二度とこのような事をしないと誓うなら地上へ帰してあげます」と言って乙姫様は黒い箱を渡しました。

「私はいつもこの箱の中からあなたをみています。決して開けないで下さい。」それを聞いたとたん太郎は気が遠くなりました。

「太郎、太郎」聞き覚えのある声で目を覚ますと、そこは自分の部屋でした。

変な夢を見たもんだと思い起きあがった太郎の手には、黒い箱がしっかりと握られていました。

太郎の再教育物語。竜宮城もハイテク時代。乙姫様にしごかれた太郎。掃除や洗濯というしごきかたは、どこかお母さんっぽい。「太郎、太郎」と呼ぶ、聞き覚えのある声は、乙姫様の声であり、太郎のお母さんの声でもあったに違いありません。

2　二人が別れる理由

さて、『風土記』の浦島子のドラマの本当の核心は、島子が玉手箱を開けてしまったために女が飛び去り、二度と彼女に会えなくなった、ことではありませんでした。

島子の心が故郷への思いと女への愛に引き裂かれ、女に帰りたいと言いだせない葛藤が物語の真の主題です。このドラマは学生たちにどう映ったのでしょうか。

マザコン太郎　山田愛　一九九五年

むかしむかし、浦島という超イイ男が、ひとり小船にのって魚をつっていました。

しかし三日三晩たってもつれません。

そのかわり五色の亀がつれました。

浦島はこの亀を見せ物にして、お金をかせごうとしました。

するとたちまち、亀はすっごいナイスバディーのキレーなおねぇちゃんに変身しました。

浦島はびっくり！　きぜつしてしまいました。

気がつくと、そこは龍宮城でした。

龍宮城ではタイやヒラメのまいおどり　そして数々のごちそう

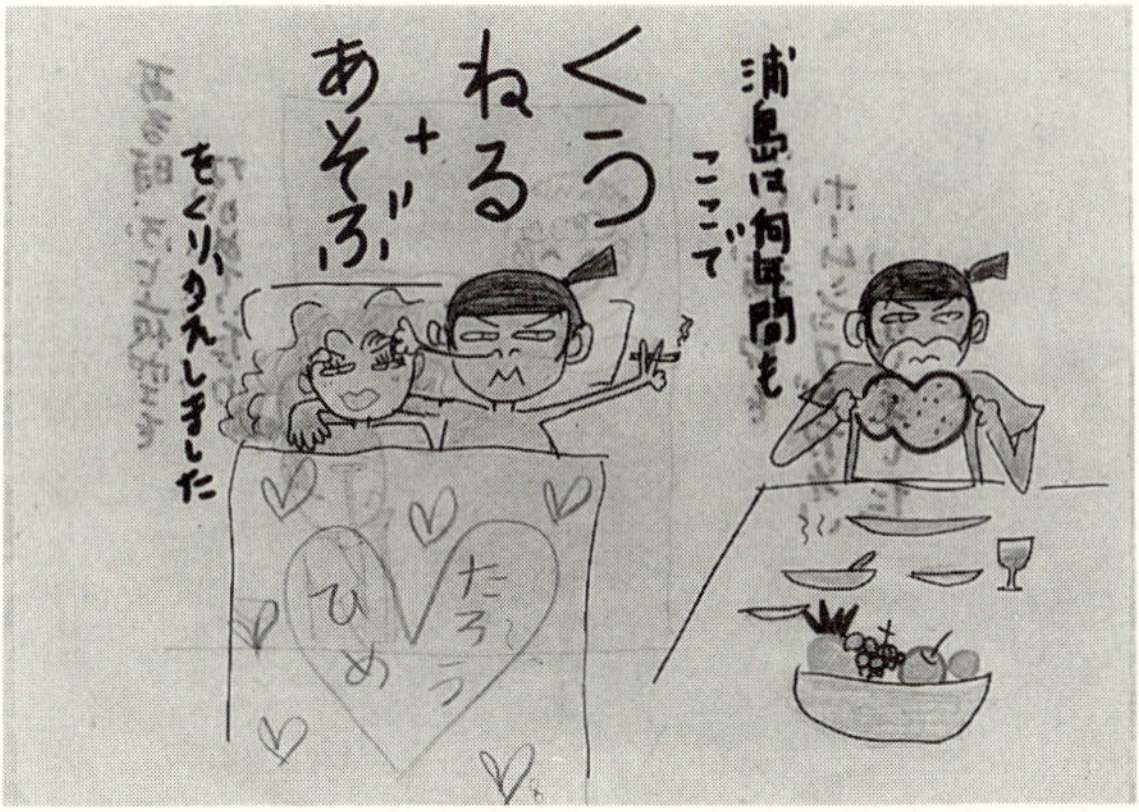

浦島は何年間もここで
くう　ねる＋あそぶ
をくりかえしました。

ある時、ふと夜空をながめていたら、ふいに浦島をホームシックがおそいかかりました。

浦島は毎夜、枕を涙でぬらしました。

さすがの姫もあきれつつ、ききました。「浦島どうしたの?」

浦島はいいました。「国がこいしくなった」

姫は（どーせママが恋しくなったのね）と思いながら

「私と別れたいの?　わたしをすてるの?」とウソ泣きをしました。

姫は、浦島の母にまけたくなかったのです。

次の日、浦島は姫に土下座して、国に帰ることをおねがいしました。

姫は国に帰る浦島に玉手箱をわたしました。

姫はいいました。「私のことを愛してるなら、ぜったい玉手箱をあけないでね」

浦島は「もちろん」と約束しました。


国にかえった浦島はボーゼンとしました。

なんと国は砂漠になっていました。

浦島は運よく通りかかった人にききました。「水の江の浦島子の家の人々は、今どこに住んでいますか」

「それはすごいすごい昔の人の名前だよ」といわれ、ショックで泣きつづけました。

思考能力のなくなった浦島は、つい玉手箱をあけてしまいました。

すると五色のけむりがもくもくとでてきました。

そのけむりを全身にあびた浦島は
　巨大な汚ないカメに
変身してしまったのです。そして砂漠で一人たすけをまつのでした。きっとずっとまつでしょう。


「あなたにとっていい男、いい女って、どんな人のこと?」

毎年、授業のはじめにはいつも、学生たちに聞くのです。何しろ恋愛文学を学ぶのですから。さまざまな女子学生の回答のなかには、「Hの上手な人」というのや、「別れ方のうまい人」というのがあって、それがべつに気負った感じでもないのに一種、感動を覚えます。六〇年代に学生だった私などには、つくづく隔世の感があります。

このベッド・シーンのイラストも伸びやかなものです。はだかの二人は、ハートのマークのシーツかブランケットに、仲良くくるまれているのです。

この浦島はどちらかというと無表情に近いのですが、とてもよく泣く男です。それもほんとうに悲しいらしい。これに対して姫の涙はウソ泣きです。世間では、女が泣くということになっていますが、ツラツラ世の中をみるに、ママに甘やかされて育つ男の子のほうが、涙もろいのではないでしょうか。大人になりそこなった男は、恥も外聞もなく、泣きます。

泣いている間は世界を支配できる。この快感を知っている無力な子どもは、何かといえば、すぐに泣いてみせるのです。泣き落としというのは、卑怯でもあり、芸もない。涙くらい自由にコントロールできなくては、大人にはなれません。

女が泣くのは、計算ずくです。甘やかされた男のように、後先考えずに泣くのではありません。女の涙はこわい。ただしこれをもって、女はずるくて男は純情だなどというのは、あまりにものを知らなさすぎます。女の人生はまだまだ、甘くないのです。

カメに変身しても、浦島は同じ顔に見えます。がんばって遊んだ浦島です。きっと汗とべそをかきつつ待つのでしょう。がんばってね。

飽き性だった太郎　吉原綾　一九九五年

ある日、浦島が海へ行くと、かわいいカメが子供たちにいじめられていました。

「死ねコラー」「オラー」「ハハハ」

「こら、やめろ！」

浦島はカメを助け、海へ逃がしてあげました。


またある日、浦島が海へ行くとカメがいました。

「またいじめられたのか？」

「ちがうよ、今日はあなたをイイ所へ連れて行ってあげよう。」

浦島はカメの後についていきました。

「どこへ行くんだ。」「ナイショッ。」

カメに連れられてきた所は、浦島が見たこともないゴージャスな世界でした。

中へ入って行くと、スタイル抜ぐんの美人が出迎えてくれました。「はっ！」

「太郎さん、ようこそ、楽しんでいってね。」

浦島はスタイル抜ぐんの彼女に、もちろん一目ぼれしました。

浦島はゴーセーなディナーを食べ、お酒をのみ、キレイなお姉チャンたちと大騒ぎしました。

しかし浦島の頭には、スタイル抜ぐんの彼女のことでいっぱいでした。「ウフ♡」

あるトキ浦島はスタイル抜ぐんの彼女と二人きりになりました。

彼女はゴージャスな世界をいろいろ案内して「このまま二人で暮らしたいわ。」なんて言いました。

もちろん浦島はスグOKでした。　LOVE　LOVE

それからはもう、彼女と浦島はラブラブ　アツアツで、いつもいつも一緒にいました。

いつもいつもホクホクでした。　CHU♡　CHU　♡♡　CHU

それからはもう、
彼女と浦島はラブラブ
アツアツで、いつもいつも
一緒にいました。
いつもいつもホクホクでした。
CHU
CHU
CHU
⑰

しかし、浦島はあき症でした。あんなにラブラブだった彼女にもうあきてしまいました。

そんなトキ、フッと元の生活を思い出しました。

「ここもあきたし、そろそろ帰ろうかな。」

もちろん彼女は泣いてすがりました。しかし浦島は思い立ったら、スグ行動する人でした。

なんてわがままなんでしょう……

「ううっ……」　何度止めても聞かない浦島に、彼女もとうとうあきらめました。

浦島が帰ろうとするトキに、彼女はプレゼントをあげました。

「私のことを想い出したらこれを開けてね。」

ウルウルな目でいいました。それでも、太郎はさっそうと帰っていきました。

「またねー、バーイ」

元の生活に戻った浦島は、自分の家がないことや、知らない人だらけの様子に、ビックリしました。誰に聞いても、どこを探しても、パニックするだけでした。

「なんてこったい。」そう思ったトキ、スタイル抜ぐんの彼女にもらったプレゼントのことを思い出しました。そして、そのプレゼントを開けることにしました。

「何が入ってるのかな。」

ウキウキワクワクしながら開けてみると、モクモクモクモク……

白い煙が出たと思うと浦島はあっというまに、白髪、白ヒゲのジジイになってしまいました。

「オーマイガーッ」　ＯＨ　ＭＹ　ＧＯＤ！

浦島は彼女のことを想い出したのではなく、
彼女からもらったプレゼントのことを思い出しただけでした。

あわれなうらしまです。

フフフ……

そのころスタイル抜ぐんの彼女は、第二の浦島と出会うため、手下のかわいいカメを、子供たちのいる海へ向かわせていました。さすがです。

サヨウナラ、浦島太郎……

「行けっ」

スタイル抜群で純情な、すっかり男の手の中にあると見えた女。ジツは……。ナーンダあんたもけっこうヤルじゃない、よかった、ガンバッテネーと、女が明るく読めるところがよいのです。この浦島と姫は、いかにもそこらにいる若者っぽくて、「現代風でとてもカワイイ」と、教室中の共感を集めました。ノリのいい語り口が、楽しいイラストと相まって絶妙な効果を挙げています。

3　いじめと援助

経済優先で、仕事人間と化して家族をないがしろにし、なりふり構わず働いてきた大人の男たち。その生き方のツケがまわって、家庭は内部崩壊。日本中で子どもの犯罪は凶悪なものへとエスカレート。陰湿ないじめも蔓延しています。

浦島子伝説にいじめっ子が登場するのは、前に見たように、巖谷小波の『日本昔噺』が最初でした。明治の国定教科書は、これをもとにしています。

明治時代、お話に子どもたちの亀いじめが加えられたのは、なにやら象徴的ではないでしょうか。いわば近代国家のお墨付きによって、いじめのモチーフが固定化してしまったということです。

おじいさんになったいじめっ子　山田奈緒　一九九五年

むかしむかし　漁師をしている浦島太郎という若者がいました。今日も浦島はいつものように海へ魚つりに出かけました。

しかしなかなか魚はつれません。あきらめて帰ろうとした途端、釣竿が強くひっぱられ、浦島はザブンと海の中へ落ちてしまいました。

浦島はびっくりしました。亀が釣竿をひっぱっていたのです。

「竜宮城へ参りませんか」

亀はそう言って浦島を背中に乗せ、海深く泳ぎはじめました。

あっという間に竜宮城に着きました。そして、魚たちが歓迎してくれたのです。

そして浦島は時間も忘れて長い間楽しく暮らしていました。

ところがある日、「村に残した母が気になるので、そろそろ帰ります」うらしまは言いました。乙姫様は残念そうでしたが、

「忘れないで。この箱は決して開けてはいけないわ」そう言って玉手箱を渡しました。

浦島は亀の背中に乗り、村へと戻りました。しかし、そこには、浦島の家はなく、景色もすっかり変わってしまっていたのです。

途方に暮れた浦島は、浜を歩き回っていました。すると、子供達が亀をいじめていました。

「そんなことをしてはいけないよ」。手に持っていた玉手箱とひきかえに亀を助けました。

「あなたは浦島さんではありませんか」亀は言いました。あの時の亀だったのです。

「もう一度竜宮城へ参りますか」

浦島は亀の背中に乗り、海へ戻って行きました。

子供達は玉手箱を開けました。すると……中から白い煙がもくもくと広がりました。子供達はみるみる年をとって行き、ついにおじいさんになってしまいました。

この浦島にも性の匂いがまったくしません。浦島は乙姫に心を奪われたわけでもなさそうです。何も悪いことをしたというわけでもない浦島がおじいさんになるのよりも、いじめっ子たちが、アッというまにおじいさんになるほうが、たしかに道理にかなっています。

この懲らしめ方には、昔話特有の魅力ある残酷さが潜んでいて、それは子どもだけの持つ想像力とつながっているものであることを、この作品はあらためて思い知らせてくれます。

ただではなかったおもてなし　伊藤有紀　一九九五年

ある日、たろうが、おなかをすかせて歩いていると、亀が子供たちにいじめられていました。たろうは子供から亀をとりあげて食べようと思い、子供たちを追い払いました。

亀は「ぼくなんか食べてもおいしくないよ。りゅうぐう城へつれていってあげる。」と言って、たろうを竜宮城へつれていきました。

竜宮城では豪華な料理がたくさん出てきました。たろうはタダだと思っておなかいっぱい食べ、贅沢三昧の日々をすごしました。

帰ろうとすると、乙姫が出てきました。

「ありがとうございます。百万円です。払えないなら、この玉手箱を開けて下さい。」

「あれっ？　タダじゃないの？　払えないよ。いいや。玉手箱を開けてみよう。」

すると、中から煙がたくさん出てきて……たろうは、亀になってしまいました。

乙姫は「借金返し終わるまでその体で働いてね。」と言いました。たろうは亀になって働くのでした。

世の中、ただほど高くつくものはないのですが……。ものに釣られ、ご馳走に釣られ、金に釣られ、「愛より援助」交際の時代です。それにしても、「あれっ？　タダじゃなかったの？」というこのセリフ。まだまだ日本中に充満していそうです。

いじめる子ども。いじめられている亀。その亀を横取りして食べようとするたろう。世の中ほんとうに、油断がなりません。亀がたろうの欲望を見破ったのは、昔はこの亀も人間だったのかも。亀になりたくなければ、ご用心。

亀いじめのモチーフの登場により、太郎はごほうびを期待することになり、愛の伝説であった浦島子伝説は、『舌きり雀』なみの話になりさがりました。

けれども、嘆くことはないようです。若者たちは世界を変えるでしょう。

うらしま太郎の友達　三輪哲也　一九九六年

ぼくの友達に、うらしま太郎君がいます。ぼくは彼に大切なことを伝えなければ……。彼は一年前に海に釣りに行ったきり、姿がみあたりません。うわさによると、カメのお産に立ち合ったお礼に、カメに連れられて、美しいお城に行っているそうです。

そこにはきれいなお姫さま、ごうかな食事、彼の大好きなトコロテンもたくさんあるそうです。うらしまだけにウラヤマシイです。

ぼくも行きたくなったので海にカメを探しに行ったけど、いなかった。しかたがないので、帰りを待つことにしました。

彼の事だからたぶん、お姫様に「待ち合わせの時間に遅れるから」と言って、あと八十年もたてば、美しい箱を持って帰ってくるでしょう。

その時まで待って、

「その箱を開けたらダメだ！！　おじいちゃんになるぞ！」と伝えたいと思います。


これこそ本来の、正しい亀との付き合い方というものですね。男子学生の作品。浦島の友達の立場からという新しさ。男の子が、ちゃんとカメのお産の役に立つのもいいし、何とかしゃぶしゃぶより、トコロテンという健全さ。生活感あふれる海辺の人のくらしが生きています。

「うらしまだけにウラヤマシイ」なんていう、バカバカしいシャレ。八十年も生きたら、お爺さんになるのはあたりまえ。なのに、この人がそれまで生きていられたらいいな、と思わせられる、とぼけた味わいがあります。

金のつりざお　小池益由記　一九九八年

むかしむかし　あるところに　うらしまたろうという男の子がいました。たろうはいつもいじめられていました。

太郎は毎日海辺で泣いていました。

「どうしてぼくのことをいじめるんだろう。もういやだよ」

たろうはこの日、ずっと泣いていました。

次の日たろうが海に行くと、かめがいじめられていました。男の子たちはぼうでつついたり、石をなげたりしていました。

「やめてください」

かめは泣いていました。たろうは、助けることができませんでした。

それからというもの、たろうのかわりに、かめがいじめられるようになりました。たろうはまたいじめられるのがこわくて、いつも岩のかげからみているだけでした。

たろうはかめを助けられないことでなやみました。

「どうしたらいいんだろう…」

たろうはいつも自分がいじめられていたときのことを、かんがえてみました。

「そうだ。こわがっていたらいけないんだ。明日は勇気を出してかめを助けよう。」

たろうは心に決めました。

次の日、海に行くとまたかめがいじめられていました。たろうは「かめをいじめたらだめだ!」ということができました。しかし、かめをかばったので、たろうもいっしょにいじめられてしまいました。

かめは助けてもらったことがとてもうれしくて、「うらしまさん、今からりゅうぐうじょうにごあんないします。助けてもらったお礼をさせてください。」といいました。

かめは助けてもらった
ことがとてもうれしくて
「うらしまさん、今から
りゅうぐうじょうに
ごあんないします。
助けてもらった
おれいをさせて
ください。」
といいました。

「さあ、私の背中にのってください。」

たろうはかめのいうとおりにしました。すると、かめはどんどん海の中に入っていきました。

海の中は赤いさんごやきれいな魚がたくさんいました。

「うわぁ、なんてきれいなんだろう。ゆめをみているようだ。」

「うらしまさん、あそこがりゅうぐうじょうです。」

海のそこに大きくとてもうつくしいりゅうぐうじょうの門が見えてきました。うつくしいおとひめさまがでむかえてくださいました。

おとひめさまは「かめを助けてくださいまして本当にありがとうございました。」といいました。

「うらしまさん、けがをしていますね。今すぐなおしてあげましょう。」

乙姫様が手をかざすと、うらしまたろうのけがは、あっという間になおってしまいました。

「さあ、うらしまさん。おれいにおもてなしをさせていただきます。ごゆっくりたのしんでください。」

テーブルの上には、みたこともないごちそうが、山のようにならんでいました。おともたちが、うつくしいおどりをおどってくれました。たろうは家にかえることもわすれ、たのしくすごしました。

ある日、たろうはふとおかあさんのことを思い出しました。

「たいへんだ。今ごろしんぱいしているだろう。早くかえらなければ…。」たろうはおとひめさまに別れをつげました。

「わかりました。それではおみやげにたまてばこをさしあげます。きっとあなたの役に立つでしょう。」

「おとひめさま、本当にありがとうございました。」

たろうはかめにまたがり、家にむかいます。

「おとひめさまさようなら」

「うらしまさんさようなら」

おとひめさまにみおくられて、海の中をはまべにむかってまっしぐら。

海から出てきたうらじまたろうは、りっぱな青年になっていました。

「さあ、はやく家にかえろう。」

家にむかっていそいでいると男の子がいじめられていました。たろうは子どもたちのそばにかけよると、いいました。

「こらこらいじめてはいけないよ。いじめられている子の気持ちをかんがえてごらん。もし自分がいじめられたら、とてもかなしくてつらいだろう?」

いじめていた子どもたちは反省しました。

「今までいじめてごめんよ。これからはみんなで仲良くしよう。」

うらしまたろうはおかあさんがまっている家にむかいました。おかあさんはりっぱに成長したたろうをみて、目になみだをうかべました。

「もう帰ってこないかと思ったよ。本当によかった。」

「おかあさん、ごめんなさい。これからは、ずっといっしょにいるからね。」

おみやげのたまてばこをあけると、白いけむりがでてきました。そのけむりは金のつりざおにかわりました。このつりざおは、たくさんの魚をつることができました。

おかあさんとたろうは、ずっとしあわせにくらしました。


この作品はいじめを中心テーマに据え、いじめられっこ太郎の成長を描いています。現代の子どもたちはそれぞれに、このテーマを重くかかえつつ、成長しているのだと感じさせられます。

ところでこの絵本のたろうの顔は、のっぺらぼうで、目鼻がありません。学生の絵本に目立ちはじめたこの奇妙な人物の描き方は、いったい何を意味しているのでしょうか。
四、五年前には見られませんでしたが、近年目立ちはじめて、ついに一九九九年は一七〇人の一年生のクラスで、一割に達しました。
情報化社会といわれる現代は、「顔のない社会」を実現させるといわれます。さまざまな情報機器が普及し、若者たちは携帯電話やインターネットを通して人と繋がるのです。

一方、彼女たちはクラスの仲間にさえ、自分の素顔を見せることを極度に恐れています。通学列車や教室、学生食堂で、所も他人の目も構わず化粧に熱中できるのも、それが彼女たちの信じる、もっとも効果的な、素顔隠しの儀式だからです。

4　玉手箱の中身

「開けてびっくり玉手箱　中からぱっと白煙　たちまち太郎はお爺さん」と歌うのは小学唱歌。奈良時代には白い雲だったのに、現代版の絵本ではどれも、煙になってしまいました。もっとも、私たちの日常感覚にとって、雲はあくまで空に浮かぶ雲ですから、恐ろしい作用を及ぼす力を持ち、化学変化を起こすようなものは、煙といった方が落ち着きがよいようです。

『丹後国風土記』では、この玉手箱から飛び出していったのは、島子と相思相愛の娘でした。風と雲は娘のよい香りだけを残して、天に昇っていってしまったのです。この雲は天と地を結ぶ魔法の力を持っていました。本来、蒸気や雲は、そうしたものです。雨や雲や風が、昔も今も私たちにロマンチックな憧れを抱かせるのも、そのためではないでしょうか。『風土記』は、いまや天と地に再び別れてしまった男女の、永遠の愛を歌いあげて終わります。なぜか「白雲の箱より出て、常世辺《とこよべ》に棚引」き、彼をたちまち老人にして死なせてしまった『万葉集』。浦島子を作者は繰り返し、ばかだと言っています。この結末は、間違った選択をした愚かな人の子に対する罰でした。玉手箱の中身はいつの世でも、二人の関係に対する作者の批評であるといえそうです。

お嫁に来た乙姫　相原由実　一九九五年

むかしむかし、あるところに、浦島太郎という漁師がすんでいました。太郎は母と二人暮らしでした。二人はびんぼうでしたが、太郎は働き者でやさしい子でした。太郎は母を養うために毎日、海にいって魚をつってくるのでした。

ある日のこと、太郎が海から帰ってくると、浜で子どもたちが子ガメをいじめていました。

「こら、こら、弱いものをいじめちゃいけないぞ」

「もう、二度とつかまらないようになあ」

さて、それから、何年かのちのこと。いつものように太郎が、さかな釣りをしていると、そこにあらわれたのは、いつか太郎が助けたあのカメです。

「太郎さん。あのときは、ほんとうにありがとう。おれいに海の底の竜宮という、美しい御殿へ案内します。さあいきましょう。」

太郎はお母さんのことが気にかかりました。しかしカメはとまどっている太郎を引っ張り連れていきました。

カメは、太郎を背中に乗せると、海のなかをどんどん泳いでいきました。

「ほほう!!」

美しい海の世界を見て、太郎はびっくりしてしまいました。

「どうです、すてきでしょう。」

うっとりしている太郎を見てカメは得意そうです。

すると、そのときです……

サンゴの山が静かに動いて真珠の階段が現れました。そこには美しい乙姫さまが立っていたのです。

「よくいらっしゃいました、太郎さん。カメを助けてくれてありがとう。ゆっくり遊んでいってくださいな。」

乙姫さまが、さっと扇をふると、美しい魚たちがたくさん出てきました。そして太郎のまわりをひらひらと舞いおどりました。おいしいごちそうを食べて、やさしい乙姫さまがいて……竜宮の楽しい毎日。けれども、こんな毎日も、長くは続きませんでした。

「村はどうなっただろう。お母さんは元気でいるかなあ。」

いつしか太郎は、ふるさとを思うようになっていたのです。太郎はだんだん元気がなくなっていきました。

「太郎さん。あなたは帰りたくなったのですね。もとはカメがムリに連れてきてしまったのです。いつまでもここにいてほしいのですが、しかたがありません。」

いつしか二人は愛し合っていましたから、乙姫さまは残念そうに言いました。乙姫さまはお土産に玉手箱をくれました。こうして太郎は帰ることになりました。

「乙姫さまさようなら」

なつかしい村にかえってくると、太郎は大喜びで家まで走りました。

家でずっと心配していたお母さんも大喜び。そしてまた前のように二人の暮らしが始まりました。でも太郎は、やさしい乙姫さまを決して忘れませんでした。

太郎は竜宮城でのことをお母さんに話しましたが、信じてもらえませんでした。

そこでお土産にもらった玉手箱を思い出し、「もう一度乙姫さまに会いたいなあ」とつぶやき、箱を開けました。すると……白い煙がもくもく出て、あっという間に、乙姫さまがあらわれたではありませんか。

そうです。太郎と乙姫さまとの愛する気持ちが奇跡をおこしたのです。それから二人はいつまでも幸せにくらしました。


素朴で心温まるお話。すべての登場人物にとっての「めでたし　めでたし」は、こうなるのかと感心しつつ、ちょっと意外な気もします。嫁と姑が仲良く同居するのが理想だなんて、現代っ子たちが本気で思ったりするのでしょうか。

名古屋東部の丘陵地帯にある私の勤務する短大には、三重県や岐阜県から二時間近くかけて通う学生も少なくありません。お母さんに毎朝起こしてもらい、朝御飯どころかお弁当まで作ってもらう学生も珍しくないのです。母親を死なせずに太郎の帰郷まで生き延びさせた作者の思いやり。カメが何年もたってからお礼にやってくるという、のどかなタイミングも、独特のものです。サンゴや真珠の階段の色彩の楽しさ。太郎の明るい顔、わけしり顔のカメの表情の豊かさも天下一品です。こんなに天衣無縫の浦島の世界を創造しえたのは、作者の育った家庭環境の賜物であることはまちがいありません。

三行半《みくだりはん》と手切れ金　鈴木裕子　一九九五年

むかしむかし浦島太郎という若者がいじめられているカメを助けてやると、カメはお礼に美しい姫のいる竜宮城へ浦島を招待しました。

太郎は竜宮城の山ほどの宝物にも驚きましたが、それよりも乙姫様の美しさに驚きました。太郎はすぐに乙姫様にプロポーズして、二人は一緒に暮らし始めました。

三年たった頃でしょうか。

乙姫様は太郎にもう飽きたので新しい若者を連れてくるように、太郎を連れてきたカメに命令しました。

乙姫様は太郎に

「この箱のなかに、あなたのお父様とお母様への贈り物が入っています。あなたは三年も家へ帰っていないので、さぞ心配していることでしょう。さあ、この箱を持って帰ってきて来てください。そしてまたここへ来てください。」と言いました。

太郎はカメにのって地上の村へ帰りましたが、知り合いはどこにもいません。仕方がないので竜宮城へ帰ろうとしましたが、カメは他の若者を乗せて帰った後でした。

太郎は悲しくなってやつあたりぎみに箱を投げつけると、箱が開いて、その中から煙がモクモクとでてきました。すると太郎はたちまちおじいさんになってしまいました。

その箱には大金と手紙が入っていました。

さようなら

私はあなたに飽きたので他の人と結婚します。ごめんなさい。

乙姫

手紙を読んで太郎は初めて乙姫様にだまされたことを知りました。おじいさんの太郎は箱の中に残った手紙とお金をながめながら、

「お金なんていらないから若さを返してほしい」

と言って泣きましたトサ。

ブルーの色紙に筆で墨絵風にすっきりと描かれた絵本。太郎はなかなかの好男子で、乙姫様も上品で美しく、思いがけない結末が待っていそうにありません。

好男子だけに、太郎の爺ぶりはかなり凄味があります。もっとも、これはこれで、さすがに男振りのよいじじいだと言う人も、ありそうです。

むかし読んだチェホフの短編にも、若さと金を交換する老人の話がありました。高齢化社会のトップランナーであるわが国では、二一世紀を目前に男性用の「生活改善薬バイアグラ」が、異例の素早さで認可されました。ピルの認可には、何年もの歳月が無駄に費やされたというのに。

ところで、人間、お金と若さ、どちらがよいかと問われたら、文句なく若さということになるのでしょうか。世の中には大金持ちであれば、年の差なんてという女もいるようです。もっともいい男であれば、たいして金はなくてもやはり女は放っておきません。

次の浦島は妻帯者です。浦島子伝説が翻訳されるようになったのは、明治以後のことでした。興味深いのは、英語版の浦島には妻帯者が多いということです。世の中が『マディソン郡の橋』や『失楽園』ブームで沸いていても、この頃はまだ、どの教室でも女房もちの浦島は稀でした。

では、平凡な日常に飽きていたおとなの男のお話。

太郎の子育て　鈴木佳代子　一九九五年

むかしむかし、浦嶋太郎という男がいました。太郎は毎日海で釣った魚を食べて、奥さんと子どもと暮らしていました。ある日、いつものように海へ行くと、一匹の亀がいじめられていました。心優しい太郎は助けに行きました。

すると亀は、竜宮城にいる乙姫様に会ってほしいと言ってきました。太郎は奥さんと子どものことが気になっていましたが、亀が毎日たくさんの魚を家族へ運んでくれるというので、平凡な生活に飽きていた太郎は、竜宮城へ行くことにしました。

太郎は亀の背中に乗って海の中へ入っていくと、底の方に小さく輝く光をみつけました。その光はみるみるうちに大きくなり、目の前には、とても美しい竜宮城が広がっていました。

そして、いよいよ乙姫様に会いました。乙姫様はとても美しく、一目で気に入ってしまいました。乙姫様も心優しい太郎のことを気に入り、二人は深い仲へとなっていきました。

そして、乙姫様にはいつしか太郎の子供ができていました。そんなことも知らずに、太郎の心の中には、地上の奥さんや子供のことが気になり始めていました。

そんな太郎を見ていると、乙姫様はどうしたらよいのかわからなくなり、とうとう別れを告げる決心をしました。そして思い出として玉手箱を渡しました。

何も知らない太郎は心よく玉手箱を受け取り、地上へと帰って行きました。

地上に着くと、そこにはもう奥さんも子どももいませんでした。ただ、昔住んでいた家がポツンと建っていました。

ビックリしていた太郎は、玉手箱を開けることにしました。すると中から、一人の赤ちゃんが出てきました。太郎はすぐに、その子が乙姫様との子どもだと気づきました。

太郎は今まで遊んでいた償いとして、その子を育てました。

辛いこともたくさんありましたが、太郎はその子を立派に育てました。そしていつかは昔あった出来事を話そうと思っていましたが、結局話すことができませんでした。

地上の奥さんにとってと同様、乙姫様にとっても、太郎があてにならない夫だというのがリアルです。別れを告げるのも、女の側から。「あんたが赤ん坊育てなさい」とやられ、素直に責任とって育てようとする浦島はけっこう、ポスト・フェミニズムっぽくて、新しいタイプです。この太郎なら「こりゃたいくつしないや」と、あんがい子育てを楽しむことになるかもしれません。

さて次の作品では、箱の中から現れたのは乙姫。でも、こちらはコワーイお話。

鬼になった乙姫　重山知子　一九九六年

むかしむかし、浦島太郎という若者がいた。その若者は大食らいで有名だったが、ひょんなことから、

亀を助けてしまった。

亀は、竜宮城というところから来たと言った。そこはとても美しく、料理もうまいらしい。それをきいて太郎が行かないわけがない。亀の言うままに行くと、立派なお城についた。太郎は、美しい乙姫には目もくれず、ひたすらたべた。ここぞとばかりに食べた。

一段落ついて、ふと顔をあげると、なんともうまそうなタイやヒラメの舞い踊り。

太郎には、生きのいい魚としか見えず、亀や乙姫が止めるのを振り切って、ガブリ!!と一口。乙姫は泣き、そして太郎を殺そうとした。太郎は、傍らにあった玉手箱をもって、いちもくさんに逃げた。

息を切らしながらもどった太郎は、玉手箱をあけてビックリ! 中からは、鬼のような顔をした乙姫が現れて、

「おまえを必ず捕えて、一口でガブリ!と食べてやる!」と言うと、乙姫の姿は煙となって消えてしまった。

怖くなった太郎は、玉手箱を捨てて、死ぬまで一生逃げ続けたという。

黒白のモノ・トーンによる切り絵の、現代的センスの光った絵本。強くて美しい乙姫さま。しかし、いつでも優しい女性であるとは限りません。それにしても、この乙姫の大きな口をぱっくり開けた表情には、宇宙を飲み込めるほどのド迫力があります。

バブル景気を背景に、世はあげて、飽食のグルメ時代でした。人々の話題も、ともすれば食べ物のことばかり。定評のあるレストランはどこも、お客で溢れていました。いかに文明を誇ろうが、人間は動物以上に食い意地が張っています。

時代を映すといえば、サリン事件が世の中を騒がせた九六年、男子学生の作品に、くたびれた中年男が登場しました。

サリン　鶴田浩二　一九九六年

むかしあるところにうらしまたろうというひとがいました。そのひとはびんぼうをしていました。おなかがへったので、つりにいきました。

ながいあいだつりをしましたが、なにもつれませんでした。すると、どこからか、こえがきこえてきました。こえがしたほうをみてみると、かめがころされそうでした。「たすけて!」うらしまたろうは、かめをたすけてやってくださいといいました。

かめをころそうとしていたひとは、ぜんざいさんくれるならたすけようといいました。うらしまは、びんぼうなのでなっとくしました。かめは、おれいにりゅうぐうじょうにつれてってくれました。うらしまは、りゅうぐうじょうでたいへんかんげいされました。

うらしまは、いえがしんぱいになり、かえりたいといいました。おとひめさまはたまてばこをくれ、あけてはならないといいました。

ついてみると、いえはなくなっていました。ひまだったので、たまてばこをあけてみると、たちまちうらしまはしんでしまいました。たまてばこのなかみは、サリンだったのです。

この年、世の中はオウムの事件で持ちきりでした。全財産をはたいてまで、なぜ若者たちはオウムに走ったのでしょうか。オウムが世間の耳目を集めたのは、いくつもの殺人事件がきっかけでした。玉手箱の中身はサリン。この発想はこのクラスのみんなをあっといわせました。むろんボロ屋に住む浦島太郎は、オウム真理教の教祖そっくりに描かれていたのです。

次の作品はナイフ事件を初め、少年の非行問題が突出しはじめた九八年に書かれました。少年法改正が声高に論じられる世の中を見返す若者の目はシビアです。

シンナー少年　下田満里子　一九九八年

昔々あるところに、浦島太郎という男がいた。とても親孝行で、村でも評判だった。しかし、良い子の太郎にも、たまにハメをはずしたくなる時がある。そんな時にはいつも、一人で海へ出てきてはシンナーを吸っていた。

今日も、太郎が一人でシンナーを吸っていると、岩のかげから、なんと海ガメが一匹、ニヤニヤして見つめていた！

びっくりした太郎はあせって

「こ、このことは誰にも言わないでくれ！」と海ガメに頼んだ。

ところが海ガメは、

「ふふふ…。このことを黙っていてほしければ、五百万円用意するか、私と一緒にくるか、さあ、どちらにする？」と太郎を脅迫した。太郎は、仕方なく海ガメについて行くことにした。太郎を背中に乗せた海ガメは、海の中にもぐって行った。

「さあ、とっとと降りるんだ！」海ガメが太郎に言った。太郎が目にしたのは、何とも恐ろしい光景。海の底で光はほとんど届かない。家の表面にはコケが生えていて、まるで地獄絵図のよう。

こわくなった太郎は、

「ここで何をするんだい？」と海ガメにきいた。すると海ガメは

「ここで一生乙姫さまに仕えるんだよ。」と答えた。太郎は怖さを押し殺しながら建物の中へ入っていった。一番奥のへやに、巨大なイカがすわっていた。

「乙姫さま、新しい召し使いを連れてきました。」そういって海ガメは去った。

「おまえ、名を何という？」巨大なイカの乙姫は太郎に尋ねた。

「う、うらしまた、た、たろうです。」ふるえながら太郎は答え、乙姫様に頼んだ。

「お、お願いします。どうか私を元の所へ帰らせてください。もう、悪いことはしません！おねがいします！」

「やれやれ仕方ない。そんなに帰りたいのかい？ならば帰してやろう。そのかわり、この箱を持っておいき。この中にはおまえの犯した罪がつまっている。一生その罪をかかえて生きるがいい。ふふふ…。」

太郎は、ほっとして、海ガメの背中に乗って帰った。ところが、戻ってみると村は、数時間前とはまったく違った景色になっていた。あ然とした太郎は、思わず乙姫からもらった箱をおとした。箱のふたがあいた。すると中から真っ白いけむりが出てきて、太郎を包み込んだ。

けむりを吸った太郎は、たちまちのうちに息ができなくなり死んでしまった。箱の中身は、太郎が吸ってきたシンナーだった。


このシンナー少年は、死ななければならないほどの罪を犯してはいません。新聞報道によれば、事件を起こした子はだれも、それまで「普通の子」だったのに、突然「切れた」のだといいます。「良い子」の型にはめたがる大人たち。だれも子どもの姿が見えないと嘆いています。

作者は淡々とその死を描いていますが、子どもの抗議を読み取るべきでしょう。何といっても、チョンマゲをつけたイラストの太郎は、どの場面でも妙に生真面目で、とても可愛いく、いじらしいのです。

太郎よりも彼を脅迫した海ガメやイヤらしい乙姫のほうが、はるかに悪党であることは、確かです。

5　男と女のゆくえ

もしもすべてを思いのままにできる神であったなら、人は何を望むのでしょう。健康と若さと美しさ、衣食住の豊かさへの願望は、どの時代にも普遍的に認められます。しかし、現代ほどその欲望に歯止めがかかりにくい時代は、かつてありませんでした。

若さを奪った乙姫さま　岡崎麻耶　一九九六年

昔あるところに、浦島太郎という若者がいました。太郎が海辺を歩いていると、亀が子供にいじめられていました。太郎は亀を助けました。すると亀が、「助けてくれたお礼に竜宮城へ、つれていってあげましょう。」と、いいました。太郎は、亀の背中に乗って竜宮城へ、行きました。

竜宮城は、とても美しいところでした。裏では、亀と、子供達が、話をしています。その子供達の姿が、いつのまにか、たいや、ひらめの姿になっています。

亀が、「今回も、うまくいってよかった。あの若者が来てくれなかったら、私たちは、また年をとっていたよ。」といいました。

たいや、ひらめ達は、「本当に、これ以上年をとって子供の役をするのは、難しい。」と、いいました。「あの若者もかわいそうに……」などと噂されているともつゆしらず、太郎は美しい乙姫さまと魚達に囲まれて、とても楽しそうにしています。

三年ほどたった時、太郎は急に家が恋しくなりました。乙姫さまに、「家に帰りたい」というと、乙姫さまは玉手箱を、渡して言いました。

「この箱は、絶対にあけては、いけません。」

亀に送ってもらった太郎を待っていたのは、三百年後の世界でした。太郎に残ったものは、乙姫さまにもらった玉手箱だけです。途方にくれた太郎は、約束を忘れて玉手箱を開けてしまいました。すると、中から煙が出てきて、あっという間に、太郎はおじいさんになってしまいました。

竜宮城では、乙姫さまがまた一段と、美しくなっていました。そう、乙姫さまは太郎から若さを奪ったのでした。

乙姫さまが、言いました。「早く次を連れていらっしゃい」亀たちはしぶしぶ、また新しい若者を、探しに行くのでした。

『風土記』よりも『万葉集』の浦島子伝説のほうが好きと言った女子たちもいます。『風土記』の二人が美男美女というのが気に入らない、というのです。女はいつも基本的にリアリストです。太郎はどこにでもいそうな、いいかげんな人。

乙姫をおばあさんにしてしまったのは、次の作品です。

おばあさんになった乙姫　水野華奈子　一九九六年

むかし、なまけ者の浦島太郎という若者がおりました。ある日、浜辺を歩いていると、子供たちが何かをいじめているではありませんか。太郎は助けてお礼をもらおうと考えました。しかし喧嘩が弱い太郎は、お金で買い取ることにしました。

カメを見て太郎は怒りました。「ちっ、カメか。スッポンだったら食べられたのに。金を返せ。」カメは悲しみましたが、こんな人でもお礼をしなければと考え、竜宮城へ連れて行くことにしました。

海に潜ろうとした瞬間、太郎は家へ帰るといって、水中メガネと酸素ボンベを持ってきました。準備完了、いざ出発。しかし、竜宮城は意外に遠くて、着いたらすぐに帰らなくてはならないほど酸素が減っていました。乙姫は玉手箱をくれましたが、ごちそうを箱につめて持って帰ろうと、太郎はすぐに玉手箱を開けてしまいました。

止めようとした乙姫は、煙におおわれて、あっという間におばあさん。それにも気づかず、ごちそうを箱に詰めた太郎は、さっさと帰っていきました。太郎は今までよりちょっぴり太りましたが、平和に暮らしましたとさ。

すべてに計算ずくで合理主義精神の持ち主に、余計なものはいりません。おかげで、彼は無事。若く美しかるべき乙姫はおばあさんに。伝説の世界は無惨にも敗退。物欲だけの太郎が、太って暮らす世の中。よその国でやりたい放題をして、あとは野となれ山となれの太郎。これはそのまま、アジアの国々を踏みつけにして、ひとり太っている今の日本ではないでしょうか。

水中メガネと酸素ボンベの発想は、大阪府下の小学生たちが歌っているという替え歌を連想させます。

昔々浦島は
助けた亀に連れられて
竜宮城に行く途中
息が出来ずに死んじゃった

鳥越信は『子どもの替え歌傑作集』(平凡社、一九九八年)で、これを八〇年代以降に生まれたものだろうと推定しています。ここではより素朴な感じの次の替え歌も、紹介されています。食べ物を並べていくというよくある替え歌の手法ですが、竜宮城の御馳走のイメージと重なるところがみそでしょう。

昔々浦島ワンタン
助けたカメにつれられテンプラ

竜宮城にきてみれバナナ
絵にもかけない美しサラダ

竜宮は贅沢　朗あい子　一九九六年

むかしむかし、あるところに、浦島太郎という若者が住んでいた。太郎は、お母さんと二人で暮らしていた。ある日、釣りをするために太郎が海へ出かけると、子供達が大きな亀をいじめていた。太郎は子供達を追い払って、亀を助けてやった。

亀は、太郎を恨んだ。実はこの亀、腰痛気味だった。子供達にいじめられて、「ああ、気持ちいいわ〜。」と思っていたのである。まあ、しょうがないか、暇だし、このお人好しを、竜宮城にでも連れってってやるか…ってな気持ちで、

「助けてくれてありがとう」。さっさとこのお人好しを、背中にかついだ。

竜宮城についた太郎は、驚いたと言うよりも、呆れてものも言えなかった。(世の中にこの様なぜいたくが許されるところがあるなんて…僕には許せないよ…)

家に帰る決意をした太郎は、亀の背中に座り込んだ。こうなると、悔しいのは乙姫様。太郎の背中に向かって、思いきり玉手箱を投げつけた。ナイスキャッチした太郎は、これをお母さんにあげようと思った。

海岸に着いた太郎は、あたりの様子がおかしいことに気付いた。家があった場所まで行ったが、見慣れ

ない建物だった。けれども、昔からお母さんには家を建て直す癖があった。気にせず家の中に入ると、見慣れない人が住んでいた。玉手箱をあげて、一晩泊めてもらうことにした。

朝、目が覚めると隣の部屋で、家の主人が、今まさに玉手箱を開けようとしていた。箱の中から白い煙が出てきて、主人は、たちまちおじいさんになってしまった。太郎はそれを見て、ラッキーっと思った。自分がおじいさんになる前の、主人に似ていることに気付いたので、その家に住んで、いつまでも平和に暮らしました。　めでたし、めでたし。

腰痛の亀もトレンディーなら、贅沢への戒めというのも、いかにもバブル崩壊後の平成不況を生きている感じがあります。若者は実際、時代の風に敏感です。九八年夏、純愛映画『タイタニック』がブームとなり、若者たちは映画館に長い行列を作りました。

世界旅行　濱岸秀樹　一九九八年

ある村に男が一人、くらしていた。名前は浦島太郎。釣りが好きな太郎はいつものように海にいた。すると、すごい引きがあった。フルパワーでひきあげたら、でかいカメがつれた。カメは泣きながら「世界旅行のチケットをやるから助けてください」といったので、放してやった。

チケットは、その夜の出発だった。太郎は車を飛ばして港にいった。船に乗った太郎は一人ぼっちでさびしかった。船の中をぶらぶらしていると、同じように一人でいる女の子をみつけた。話をしているうちに互いに好きになった。食事の約束をした。

女の子の名前は乙姫。太郎と同じようにでかいカメにチケットをもらったそうだ。ところが、その時すごく船がゆれて、沈み始めた。二人は前のデッキに行った。海に落ちて、もうだめだと思ったとき、でかいカメが海の中から飛び出て二人を助けた。ふたりがどこへいったのか、だあれも知らない。

たまたま出会ったこの二人は、『万葉集』のカップルの現代版。ふたりがどこへ行ったのか、「だあれも知らない」と作者は言います。

私たちの乗っている船の進路もはなはだ心もとないかぎりです。ゆくえを決めるのは、むろん若者たちです。

6　二つの世界をつなぐもの

携帯でナンパ　横山綾子　二〇〇〇年

海の近くに、太郎という若者が住んでいました。仕事にも就かず、毎日海へ行っては、若い女をナンパして遊んでいました。今日もいつものようにナンパをしにいくと、携帯が砂浜に落ちていました、太郎が気にも止めずに通り過ぎようとしたとき、その携帯が鳴りました。

ルルルルルルルルルルルルルル……

太郎は電話に出てしまいました。

「もしもし……」

「よかった、それ私の携帯なの。海で遊んでいたら落としちゃって。今どこですか。取りにいきます。」

電話の相手は、それはそれはかわいい声の女性でした。

数分後、太郎の目の前に、きれいな女性が現れました。

「私は乙姫と申します。拾って下さってありがとうございます。なにかお礼をしたいのですが……よろしければ、私の家にご招待いたします。」

太郎は乙姫に一目惚れ。家に行くことにしました。気がつくと二人は大きな家の前に立っていました。さまざまなもてなしに太郎は時間を忘れて、楽しく遊んでいましたが、はっと気がつきました。

「ここへ来てからどのくらい時間が過ぎたの?」太郎は乙姫に訊ねました。

「今日でちょうど三日になります。」

三日ということは……今日はこの前ナンパした子と遊ぶ日だ。太郎は帰ることにしました。

「もう帰ってしまうのですか? 寂しいです。お礼にこの玉手箱をさしあげます。またここへ来たいのなら、決して開けてはいけませんよ。」

玉手箱を渡された太郎は、気がつくと浜辺にいました。太郎はナンパした子との待ち合わせの場所へいきましたが、相手は現れませんでした。何もすることがなくなったので、太郎は玉手箱が気になって、開けてしまいました。すると、みるみるうちに太郎はよぼよぼのお爺さんになってしまいました。

それを知った乙姫は、よぼよぼの爺さんなんて興味ないわと、新しい男と遊ぶために、砂浜に自分の携帯を落としておきました。

二〇〇〇年度作品のトレンドは、情報機器の活躍と、仕事に就かずナンパに精出す男です。もっともインターネットで穴場を調べてから魚釣りにいく浦島のいる現代でも、体の弱い母のために夕食を作りに帰るという親孝行な浦島もいて、玉手箱の携帯電話が鳴り出せば、ハッピーエンドになります。

この作品はきわめて軽妙な仕上がりですが、次の主人公は、有毒性のパラサイト。けっこう、そこらに繁殖していそうな……。

ぐーたら太郎　遠藤恵美　二〇〇〇年

むーかしむかし、浜辺の近くに浦島太郎という、ぐーたらで怠け者の男がいました。太郎は自分では働かず、体の弱い母に働かせて、ご飯も作らせていました。

ある日、太郎はいつものように浜辺で昼寝をしていました。すると騒ぎ声が聞こえて、太郎は目が覚めました。近くで子供たちが騒いでいたのです。

「お前らうるせーぞ！　殺されたくなかったらあっちいけー！」太郎の怒鳴り声に、子どもたちは逃げていきました。子どもたちが亀をいじめていたことにも気づきもしないで、太郎はまた眠りました。亀はおじぎをして海に帰っていきました。

次の日、また太郎が昼寝をしているところに大きな亀がやってきました。

「昨日は息子を助けていただきありがとうございました。お礼にごちそうをしたいのですが、一緒にきていただけますか」

助けた覚えもない太郎は、「まあ、うまいもんが食えるならいってやろう」と、亀の背中にのって、海のなかへとはいっていきました。

気がつくとそこは竜宮城、キラキラと輝く立派なお城でした。乙姫様が「亀を助けていただきありがとうございました。何でも致しますのでおくつろぎくださいませ。」と太郎を案内しました。

太郎はやりたい放題でした。「おーい、酒をもってこい！　何でもするんだろ！　もっと満足させろよ！」乙姫はうんざりしてきました。しかし、太郎のわがままはそれだけではなく、いやがる乙姫を無理やりに犯しました。

太郎のぐーたらで贅沢三昧の生活が続き、三年たちました。ヘトヘトに踊り疲れた魚たち、毎晩の太郎の相手ですっかりやつれてしまった乙姫に太郎はいいました。

「もう踊りや料理には飽きてしまった。家に帰って浜辺で昼寝をしてのんびりしたい。母がちゃんと働いているかも気になるし。」

乙姫は心からほっとしました。「そうですか。十分満足させられずごめんなさい。ではこの玉手箱を差し上げます。これは絶対に開けないでください。」

太郎は亀に乗って帰っていきました。浜辺についてみると、太郎の家はありませんでした。太郎は呆然として、中にお金かごちそうが入っているかと思い、玉手箱を開けてしまいました。中から灰色の煙が出て、気がつくと太郎はアリになっていました。

乙姫様が煙のなかから現れて

「あなたは今まで苦労もせずに生きてきました。私の体まで奪った罰です。あなたはこれからアリとなって、コツコツ自分のことは自分でやっていきなさい。」

と言い、天へと飛んでいきました。太郎はトボトボと浜辺を歩きました。すると走ってきた子どもたちに踏みつぶされてしまいました。

この作品への感想は、「アリになってつぶされてまあ正解だと思いました。」というのが主流ではありましたが、なかに「この太郎はとてもいやなやつだけどなんか憎めない」という学生もいたのが、気になっています。こんなのが日常的に見慣れた男の姿だったりすれば、かなりこわいですね。

次は子持ちの男の話。

新竜宮城　山川華絵　二〇〇〇年

むかしむかし、小さな村の小さな家で、浦島太郎という男が奥さんの花子と子どもの三人で仲良く暮らしていました。

ある日、いつものように花子は畑に野菜を取りにいき、太郎は海へ魚を釣りにいきましたが、なぜか今日は一匹も釣れません。魚がなくても野菜があればご飯はできます。太郎が帰ろうとしたとき、大きな亀が水面から顔を出しました。

「何も持たずに帰るのかい。魚がたくさんいる竜宮城に連れていってやるよ。」

「今度にしてくれ」と太郎は断りましたが亀はしつこく「絶対に楽しいところだから」といって、船をむりやりに押しました。着いた場所は、見たこともないような、きれいな島でした。木にはたくさん実がなり、海にはたくさん魚たちがいました。すこし歩いていくと、大きな大きなお城がありました。

「竜宮城だよ」と亀がいいました。すぐに帰るつもりだった太郎は、何もかも始めて見るものばかりで夢中になってしまいました。門にはきれいなお姉さんたちがたくさんいて、太郎を歓迎してくれました。太郎は案内されるまま、竜宮城の奥へと入り、時間も忘れて酒を飲み、おいしいものをたくさん食べて、幸せな時間を過ごしました。気がつくと五時間も過ぎていたので、太郎は帰ることにしました。

「そろそろ家に帰るよ。また来るからね。」

家では花子と子どもはご飯も食べずに、太郎が帰ってくるのを待っていました。太郎は、

「今日はなかなか魚が釣れなかったんだよ」といいわけをして、何もなかったかのように食べはじめました。

次の日から、魚を釣りにいくといっては竜宮城に行く生活が、始まりました。しばらくそんな生活が続きましたが、飽きてしまったので、花子にばれないうちにやめようと思い、

「今日で最後にするよ。」というと、渡されたのは玉手箱でした。

さっそく家に帰って開けてみると、中から白い煙と請求書がでてきました。太郎がびっくりしていると、そこに花子がきて、今までのことが全部ばれてしまいました。

幸せな家庭はこうして崩れてしまいました。おしまい。


世馴れた亀は、あの巖谷小波の『浦島太郎』の亀に似ています。乙姫さまはいなくて、きれいなお姉さんがたくさんなのがキャバクラっぽい。太郎は恋に落ちたわけでもありません。小心者の生活者の太郎でさえ、こんな「竜宮」と行き来できるのが、今の世の中です。

浦島の邯鄲の夢　山本明子　二〇〇〇年

昔むかし、あるところに浦島太郎という男がいました。二六歳の働き盛りというのに、「今が楽しければそれでよい」がモットー。毎日寝たいだけ寝て、食べたいときに食べたいだけ食べ、遊びたいだけ遊ぶ

太郎に、両親も呆れていました。

ある日のこと。太郎は珍しく釣りに出かけました。なかなか釣れないので浜辺で昼寝をしていたら、子どもたちの声で、目が覚めてしまいました。

「騒がしくするならあっちへいけ」

ムキになって太郎がどなると、子どもたちは逃げていき、小さな亀が必死になって、甲羅に身を隠していました。太郎は亀に気づかずにまた眠りましたが、ふと目が覚めると、小さな亀がみるみる大きくなって言葉を話します。

太郎は驚きのあまり固まってしまいました。きれいなお姉さんのいる所へ連れてってくれると亀がいうので、亀に乗りました。

海のなかをずんずん進んでいくと、きれいな建物があり、目を疑うばかりに美しい女性が迎えてくれました。太郎は一目惚れ。二人は夫婦の契りを交わし、海底で暮らすことを約束しました。いずれ地上に二人で行き、美しい妻を見せびらかし自慢して妻に働かせ、自分は好きなことだけして生きようと太郎は考えていました。

初めは珍しかった海底の生活にも飽きてきた太郎は、日に日にわがままになっていきました。太郎に嫌気がさした妻は「たまには地上に戻って親の顔でもみてきたら」といいました。太郎は一人で地上に戻ることにしました。妻は太郎を信じる気持ちをまだ少しは持っていたので、小さな箱を太郎に渡して、「私のことを本当に心から愛していて、もう一度海底に帰ってきたいと思ったら、この箱を絶対に開けないで」

といいました。

太郎のほうは、地上に戻ったときに美しい妻の自慢をして、「この次に連れてきて見せてやる」と言いふらすことしか、考えていませんでした。

地上に戻った太郎が目にしたものは、みたことのない風景でした。自分の家はなく三〇〇年の月日がたっていました。これでは彼の計画など、どうすることもできません。そのとき太郎はふと妻からもらった玉手箱に気づきました。もう一度妻に会いたいとふたを開けますと、妻が現れて「やっぱりあなたは裏切ったのね」といい、太郎は白髪のおじいさんになってしまいました。

太郎は夢を見ていたのでした。この夢のおかげで太郎はまじめに働き、親孝行な好青年になって、お見合いで幸せな結婚をしました。太郎は妻には頭があがりませんでした。それは妻があの夢の中の海底の妻に良く似ていたからなのでした。

怠け者の太郎は「自己チュー」で切れやすいのが多いようです。批評の中には、「もしこれが自分の彼氏だったら嫌だ。もし、そうだったら、玉手箱の中身はもっとひどいことになるように仕掛けたいと思う。」というのもありました。

次のは真夏の怪談風。

プー太郎の恋　兼松理奈　二〇〇〇年

世紀末二〇〇〇年、太郎という名の男がいました。仕事もなくただボーっとした日々を過ごしていました。いわゆるプー太郎です。

その日も太郎は何もすることがなく、街を歩いていますと、中学時代の懐かしい友人に出会いました。

「おー太郎久しぶりだな！　お前なにやってんだよー。」

「プーだよプー。何もすることなくってよー。」

「だったらいい仕事紹介するぜ！」

「まじでっ！　助かるよー。で何の仕事？」

「港にあるビルのガードマンなんだけどさー、夜だし大変だけど、日給一万だぜ！」

「まじっ？　いいねー、その話乗るわ！」

めでたく太郎の仕事が決まりました。仕事初日。見回りを終えて夜風に当たろうと、外に出て海を眺めていたら、美しい女がやってきました。

「何やってるの？」

「このビルのガードマンやってて、今は休憩中」

「だったら、少し私に付き合ってくれない？」

太郎は思わず「いいよ」といってしまいました。ついた場所はだれも住んでいない古い家でした。太郎は女を好きになり、女も太郎を好きと言いました。二人は永遠の愛を誓い、その家で暮らしました。何年かたって、太郎は親や友達のことが心配になりました。

「ちょっと家に戻ってみるわー」というと女は、

「そんなことしたら、もう二度と私にあえなくなるわよ」といいました。

「すぐ戻るって！」

太郎の家は見当たらず、風景も変わっていました。女の家に戻ろうとした太郎は車にひかれて死んでしまいました。太郎の愛した女は幽霊でした。今度こそ二人は永遠の愛を誓ったのでした。

世紀末だからといって、危うい作品ばかりではありません。遠く離れた二つの世界が再び近づき始めているような明るい兆候の見られる作品を最後に二つご紹介しましょう。

テクノタウン竜宮　井口裕梨　二〇〇〇年

ある村に太郎という若者が年老いた母親と住んでいました。ある日、太郎が海辺を歩いていたら、亀形のロボットがありました。ロボットはコンピュータウィルスに感染していました。太郎がロボットを直してやると、ロボットは頼みがあるといいました。

竜宮テクノタウンにウィルスが発生して困っているというのです。太郎は竜宮テクノタウンに行くことにしました。竜宮テクノタウンでは乙姫様が迎えてくれました。太郎が異常を直して回ると、乙姫様はお礼にごちそうや、CGを駆使した映画でもてなしました。

二人の間には愛が芽生えましたが、太郎は母を思い出して帰りたくなりました。別れを悲しんだ乙姫様は、お土産に玉手箱をくれました。家に帰った太郎が玉手箱を開けると、メールアドレスを書いた紙が出てきました。二人はメールのやりとりを始めました。

週末婚の贈り物　竹本真耶　二〇〇〇年

あるところに浦島太郎という優しくて美しい少年がいました。父を亡くしたので、漁をしながら母親を養っていました。

ある天気のよい午後、いつものように太郎が漁をしていると、七色の小さな亀を釣り上げました。

「変わった亀だなあ。持って帰ってお母さんに見せたいけれど、親亀が心配しているだろうから、海に返してあげよう。」

太郎は亀を海に返してやりました。すると急に天気が悪くなり、嵐になってしまいました。船が揺れた衝撃で、太郎は船の角に頭をぶつけ、気を失ってしまいました。

太郎は見たこともないお城の中で目を覚ましました。枕元には先ほど助けた子亀がいました。

「太郎さん、今日は助けてくれてありがとう。ここは海の底の竜宮城です。さっき海で気を失っている太郎さんをみつけて、ここに連れてきました。しばらくここでお過ごしください。」

太郎が驚いていると、見たこともないほど美しい女性が入ってきました。二人はお互いに一目で好きになってしまいました。

「私は乙姫です。今日は私の亀を助けてくれてありがとう。よかったらここで一緒にくらしませんか。」

しかし太郎は一人でいる母親が気掛かりでした。

「私もあなたとずっと一緒にくらしたいよ。けれども地上に母を一人残しています。私だけここで暮らすわけにはいかないんだ。君が僕の家で暮らすのはどうだろう。」

「お気持ちは嬉しいけれど、この竜宮城を捨てるわけにはいかないわ。」

二人は考えました。

「週末だけ一緒に暮らしてはどうだろう。それなら毎日竜宮城を空けなくてもいいじゃないか。」

太郎の提案に乙姫は「それなら問題ないわ」と喜びました。こうして、太郎と乙姫は週末婚をすることになりました。

「じゃあ、僕はこれで帰るよ。寂しいけれどまた週末に会おうね。」太郎が寂しそうにいうと、乙姫は
「ええ、週末を楽しみにしています。それからこれをあなたにあげます。家に着いても私のことが本当に好きだったら開けてくださいね。」

ときれいな箱を手渡しました。太郎は亀につれられて竜宮城をあとにしました。

家についた太郎は乙姫のことばかり考えていました。もらった箱を開けてみると、中から携帯電話がで

てきました。太郎が手に取ると、着信音が鳴りました。乙姫からでした。

「太郎さん、私のことまだ好きでいてくださったのね。うれしいわ。これで会えない日も平気でしょ？」

こうして太郎と乙姫はいつまでも仲良く暮らしましたとさ。

浦島子伝説と海幸山幸神話。私たちの祖先の伝えた二つの海の神話では、恋人たちは離ればなれになってもなお愛を伝え合い、あるいは遠い距離をものともせずに通って、愛の結晶を残しました。遠い遠い昔から、私たちの命はこのようにして育まれて、伝えられてきたのです。

かつて恋人たちが愛を伝えあった三十一文字は、今では携帯電話や、電子メールになりました。手漕ぎの舟で出会った恋人たちも、今では車やフェリー、新幹線や飛行機を使って通い合っています。科学技術がどのように進歩しようとも、愛の喜びと悲しみは、人の世の最大のテーマでありつづけることでしょう。

引用文献

秋本吉郎校注『風土記』日本古典文学大系（新装版）岩波書店 一九九三 四七〇―四七五頁
高木市之助・五味智英・大野晋校注『萬葉集』二 日本古典文学大系 岩波書店 一九五九 三八三―三八七頁
坂本太郎・家永三郎・井上光貞校注『日本書紀』上 日本古典文学大系（新装版）一九九三（浦島伝説 上 四九七頁／海幸山幸神話 上 一六二―一八六頁）
西宮一民校注『古事記』新潮日本古典集成 新潮社 一九七九 九六―一〇七頁
重松明久校注『浦島子傳』続日本古典文学全集 現代思潮社 一九八一 三一―三二頁
市古貞次校注『御伽草子』日本古典文学大系 岩波書店 一九七〇 三三七―三四五頁
柳亭種彦『むかしばなし浦島ぢゝい』鈴木重三・木村八重子編『近世子どもの絵本集』江戸篇 岩波書店 一九八五 四五八―四七五頁
巖谷小波編 大江小波述・東屋西丸記・永峯秀湖画『日本昔噺第拾八編 浦島太郎』博文館 一八九六
森鷗外『玉篋両浦嶋』『森鷗外全集』三巻 筑摩書房 一九六五 二九六―三一一頁

参考文献

風土記・万葉集・日本書紀・古事記

吉野裕訳『風土記』東洋文庫 平凡社 一九六九（平凡社ライブラリー 二〇〇〇）
植垣節也編校注・訳『風土記』新編日本古典文学全集 小学館 一九九七

上代文献を読む会編『風土記逸文注釈』翰林書房　二〇〇一
中西進訳注『万葉集』一―四　講談社文庫　一九七八―八三
小島憲之・木下正俊・佐竹昭広校注・訳『万葉集』新編日本古典文学全集　一―四　小学館　一九九四―九六
澤瀉久孝『万葉集注釈』巻第九　中央公論社　一九六一
坂本太郎・家永三郎・井上光貞校注『日本書紀』一―五　岩波文庫　一九九四―九五
宇治谷孟訳『日本書紀』上・下（全現代語訳）講談社学術文庫　一九八八
小島直之・直木孝次郎・西宮一民・蔵中進・毛利正守校注・訳『日本書紀』一―三　新編日本古典文学全集　小学館　一九九四―九八
倉野憲司校注『古事記』岩波文庫　一九六三
山口佳紀・神野志隆光校注・訳『古事記』新編日本古典文学全集　小学館　一九九七

浦島子伝説（発行年順）

久松潜一「浦島伝説」『国語と国文学』創刊号　至文堂　一九二四　七一―八〇頁
折口信夫「常世浪」『新日本』第一巻第三号　一九三八
高木敏雄『日本神話伝説の研究』荻原星文館　一九四三
津田左右吉『文学に現はれたる国民思想の研究』第一巻　岩波書店　一九五一（『文学に現はれたる我が国民思想の研究』一九一六　の改訂版）
松村武雄『日本神話の研究』四冊　培風館　一九五四―五八
阪口保『浦島説話の研究』新元社　一九五五

小島憲之『上代日本文学と中国文学』上・中・下　塙書房　一九六二―六五
津田左右吉「日本文芸の研究」『津田左右吉全集』第十巻　岩波書店　一九六四
土居光知・工藤好美『無意識の世界』研究社出版　一九六六
森林太郎・鈴木三重吉他同撰『日本お伽集――神話・伝説・童話』一―二　東洋文庫　平凡社　一九七二
小澤俊夫「時代による口承文芸の変容」『国文学　解釈と鑑賞』四〇巻一二号　一九七五　一〇六―一一六頁
小澤俊夫「日本の昔ばなしにおける水準化作用」『成城文芸』七二号　一九七五　二九―三九頁
水野祐『古代社会と浦島伝説』上・下　雄山閣　一九七五
河合隼雄『母性社会日本の病理』中公叢書　一九七六
関敬吾『日本昔話大成』第二巻　角川書店　一九七八
河合隼雄『昔話と日本人の心』岩波書店　一九八二
浅見徹『玉手箱と打出の小槌――昔話の古層をさぐる』中公新書　一九八三
服部邦夫『浦島太郎は歩く』青土社　一九八五
高橋宣勝「巖谷小波と昔話『浦島太郎』の成立―変身譚覚え書き（五）」『言語文化部紀要　北海道大学』九号　一九八六　一一八―一三六頁
下出積與『古代神仙思想の研究』吉川弘文館　一九八六
福田和彦『江戸の性愛学』河出文庫　一九八八
槇佐知子『日本昔話と古代医術』東京書籍　一九八九
三浦佑之『浦島太郎の文学史――恋愛小説の発生』五柳書院　一九八九
中野美代子『仙界とポルノグラフィー』青土社　一九九〇
坂田千鶴子「我心は處女に似たり―『舞姫』の〈夜の航海〉」『東邦学誌』一九巻　一九九〇　二〇五―二二〇頁

中西進『ユートピア幻想――万葉びとと神仙思想』大修館書店　一九九三
槇佐知子『日本昔話と古代医術』東京書籍　一九九五
坂田千鶴子「おことは自然、われは人―鷗外・家父長浦島の宣言」『東邦学誌』二六巻二号　一九九七　六八―七六頁
伴とし子『古代丹後王国は、あった』すばる出版　一九九八
鳥越信『子どもの替え歌傑作集』平凡社　一九九八

その他

大林太良『日本神話の起源』角川新書　一九六一
井上光貞『日本の歴史一　神話から歴史へ』中央公論社　一九六五
高群逸枝『高群逸枝全集』六冊　理論社　一九六六
西郷信綱『古事記の世界』岩波新書　一九六七
山上伊豆母『神話の原像』岩崎美術社　一九六九
三品彰英『日本神話論』三品彰英論文集　第一巻　平凡社　一九七〇
守屋俊彦『記紀神話論考』雄山閣　一九七三
松前健「日本神話と朝鮮」『日本神話の可能性』伝統と現代社編・発行　一九七三
瀬田貞二「解説」森林太郎・鈴木三重吉他同撰『日本お伽集――神話・伝説・童話』二　前掲書　所収
次田真幸「海幸山幸神話の形成と阿曇連」『東アジアの古代文化』七　一九七五
松本信廣「南海の釣針喪失譚」『どるめん』七号　一九七五
廣畑輔雄『記紀神話の研究』風間書房　一九七七

鈴木重三「江戸時代『絵本』の鳥瞰」『近世子どもの絵本集』江戸篇　前掲書　所収
木村八重子「赤本の世界」同右　所収
神野志隆光『古事記の世界観』吉川弘文館　一九八六
エドウィン・アードナー　シェリ・B・オートナー他　山崎カヲル監訳『男が文化で、女は自然か?——性差の文化人類学』晶文社　一九八七
谷川健一『海の夫人』河出書房新社　一九八九
吉田敦彦『日本の神話』青土社　一九九〇
中山千夏『新・古事記伝』一—三　築地書館　一九九〇
徳田和夫・八代静一『お伽草子・伊曾保物語』新潮古典文学アルバム　新潮社　一九九一
吉村武彦『日本の歴史③　古代王権の展開』児玉幸多他編　集英社　一九九一
港井清七朗『間人皇后——聖徳太子の母』「間人皇后」刊行委員会　つむぎ出版　一九九一
君島久子「因幡のワニ」『日中文化研究』二号　一九九一　一〇六—一〇八頁
神野志隆光・大庭みな子編『古事記・日本書紀』新潮古典文学アルバム　新潮社　一九九一
脇田晴子　S・B・ハンレー編『ジェンダーの日本史』上・下　東京大学出版会　一九九四—九五
神野志隆光『古事記——天皇の世界の物語』NHKブックス　一九九五
三浦佑之『万葉びとの「家族」誌——律令国家成立の衝撃』講談社選書メチエ　一九九六
高橋宣勝『語られざるかぐやひめ——昔話と竹取物語』大修館書店　一九九六
久野昭『日本人の他界観』歴史文化ライブラリー　吉川弘文館　一九九七
吉村武彦『古代天皇の誕生』角川選書　一九九八
大林太良・吉田敦彦『世界の神話をどう読むか——徹底討議』青土社　一九九八

総合女性史研究会編　『日本女性史論集四　婚姻と女性』　吉川弘文館　一九九八
中山千夏　『イザナミの伝言――古事記にさぐる女の系譜』　築地書館　一九九八
後藤明　『「物言う魚」たち――鰻・蛇の南島神話』　小学館　一九九九
神野志隆光　『古事記と日本書紀――「天皇神話」の歴史』　講談社現代新書　一九九九
西村汎子他編　『文学にみる日本女性の歴史』　吉川弘文館　二〇〇〇
井上光貞　吉村武彦編　『天皇と古代王権』　岩波現代文庫　二〇〇〇

あとがき

いつかこの本を書こう、と心に決めたときから、十年以上もの月日が流れました。森鷗外の『舞姫』（一八九〇）の下絵として浦島子伝説を発見したこと。これが、そもそもの始まりでした。

その後まもなく、フェミニズム批評に出会い、アメリカの近代文学の出発点がワシントン・アーヴィングの『リップ・ヴァン・ウィンクル』（一八一九）であることを知りました。この作品を鷗外は『舞姫』発表の前の年、『新世界の浦島』として翻訳・発表しているのです。

ヒロインの死を付け加えた作品が、アメリカでも日本でも、「近代」の出発点となったということ。その意味を女の立場から考え始めていたころ、三浦佑之氏の『浦島太郎の文学史――恋愛小説の発生』（五柳書院）が出版されました。上代文学に縁のなかった私が浦島子伝説に出会ったのは、このときです。世界にも類のない恋人伝説が古代日本にあったのだという感動はやがて、いつ、なぜ、この美しいラブ・ストーリーが消されてしまったのか、という疑問に変わりました。「乙姫の」文学史を書かなければならないと思ったのは、このときです。

一九九〇年代、日本にもフェミニズム批評文学運動のうねりが澎湃と起こりました。日本で初めての、日本近代文学をめぐるフェミニズム批評論文集『女が読む日本近代文学』の企画に誘って頂き、新曜社にたいへんお世話になりました。このご縁のおかげで、無謀としか思われなかった夢想が実現しました。

この本の五章に絵本作品の掲載を快諾してくださった、東邦学園短期大学の卒業生、在校生の皆さん。絵の使用を許してくださった番菜穂子さん、高山美樹さん、山下智子さん、ありがとう。紙面の都合上、ご紹介ができなかったのが惜しい作品は、ほかにもたくさんあります。皆さんに、あわせてお礼申し上げます。

最後に、父の親友として私を見守ってくださった武谷三男さん、私に翼を与えてくださった原田浩二さんのお二人に心から感謝します。

二〇〇一年春

著　者

著者紹介

坂田千鶴子（さかた　ちづこ）

1942年生まれ。東京大学大学院修士課程修了。現在，東邦学園短期大学教授。

著訳書・論文

「『夢十夜』の構造」『名古屋大学国語国文学』43，1978年；『イサカ—小さな町のアメリカン』講談社，1981年；「『三四郎』の劇と十三章—分断された世界」『世界文学』1984年；「『それから』の方法」『国語国文学論集』（共著）右文書院，1986年；「我心は處女に似たり—『舞姫』の〈夜の航海〉」『東邦学誌』19，1990年；ジュディス・エニュー『狙われる子どもの性』（共訳）啓文社，1991年；「『山の音』—ズレの交響」『女が読む日本近代文学—フェミニズム批評の試み』（共著）新曜社，1992年；「『悲しみの代価』—横光利一をめぐる性とテクストの政治学」『男性作家を読む—フェミニズム批評の成熟へ』（共著）新曜社，1994年；「おことは自然，われは人—鷗外・家父長浦島の宣言」『東邦学誌』26-2，1997年　ほか

新曜社　よみがえる浦島伝説
恋人たちのゆくえ

初版第1刷発行　2001年6月25日©
初版第2刷発行　2004年9月25日

著　者　坂田千鶴子
発行者　堀江　洪
発行所　株式会社　新曜社
101-0051　東京都千代田区神田神保町2-10
電話 03-3264-4973（代表）　FAX 03-3239-2958
E-mail:info@shin-yo-sha.co.jp
URL:http://www.shin-yo-sha.co.jp/

印刷　長野印刷商工　Printed in Japan
製本　イマイ製本
古紙100%再生紙
ISBN4-7885-0771-4　C1091

新曜社の好評既刊書

大庭みな子の世界
アラスカ・ヒロシマ・新潟　江種満子
四六判三二八頁　三五〇〇円

語る女たちの時代
一葉と明治女性表現　関 礼子
四六判三九二頁　三八〇〇円

少子化時代のジェンダーと母親意識　目黒依子・矢澤澄子編
A5判二四〇頁　三八〇〇円

現代フェミニズム理論の地平
ジェンダー関係・公正・差異　有賀美和子
四六判二三二頁　二二〇〇円

国際結婚の誕生
〈文明国日本〉への道　嘉本伊都子
A5判三二八頁　三八〇〇円

万葉集の発明
国民国家と文化装置としての古典　品田悦一
四六判三六〇頁　三二〇〇円

投機としての文学
活字・懸賞・メディア　紅野謙介
四六判四二〇頁　三八〇〇円